# 阿 Q 正 傳

魯　迅　作
河正玉 註釋

新 雅 社

# 序 言

「阿Q正傳」은 그 작자 魯迅과 더불어 우리 나라에도 널리 알려진 작품이다. 해방 이전에 이미 번역 소개된 이후 지금까지 거의 10종에 가까운 번역이 나와 우리 주변에서 손쉽게 구해 볼 수 있게 되었다. 그리고 文學을 지망하는 사람에게는 물론 일반 교양을 위해서도 여전히 必讀의 書로 권해지고 있다. 그런만큼 中國文學을 전공하는 학생들에게는 翻譯本뿐만 아니라 반드시 原文을 통해서 한번은 讀破해야 하는 작품으로 꼽히고 있다.

그러나 自由中國에서 魯迅의 작품이 禁書로 되어 있기 때문에 그 原文을 구하기는 여간 어렵지가 않다. 어쩌다 이를 學科에서 교재로 선택하기나 하면 프린트나 복사를 해서 아쉬운 대로 나눠 볼 수 있으나, 자연 部數에 제한이 있고 또 으레 인쇄가 선명치 못해 널리 보급되지 못하고 있었다. 이 점에서 本書의 출간은 때늦은 감이 없지 않으나 퍽 다행스런 일이라 하겠다.

본인은 특히 그 註釋을 맡게 되었다는 점에서 영광스러우면서도 또한 두려움을 감출 길이 없다. 워낙 의미가 깊고 문장이 까다로와 잘못된 점이 적지 않으리라 여겨진다. 본인 자신도 이 작품을 다시한번 공부한다는 뜻에서 분석해보았고, 이 작품을 原文으로 읽고자 하는 여러분과 함께 의견을 교환해보고 싶은 마음에서 용기를 내어 활자화시켰을 따름이다. 많은 가르침이 있으시기를 바란다.

상세히 註를 달고 분석을 내리다 보니 자연 原文에 비해 註釋이 너무 많아져 本書의 體裁를 같은 시리즈의 다른 책들과 다르게 할 수밖에 없었다. 語句의 뜻은 우선 脚註로 달아 읽기에 편리하도록 하고, 그 문법적인 분석이나 내용의 해설은 대부분 書末에 한데 모아서 붙였다. 경우에 따라선 한 어휘에 대한 註釋이 양쪽에 갈라져 있기 때문에 번거로운 흠이 없지 않겠으나, 다만 文脈만을 살핀다거나 단순한 번역만을 위한 것이라면 脚註만 보아도 되도록 배려했다.

「阿Q正傳」 이외에도 魯迅은 많은 작품을 남겼는데, 여기에 좀더 여러 작품을 다루지 못한 것이 못내 아쉽다. 또 讀者들 중에는 魯迅 자신에 대해서 더 상세히 알고 싶으신 분도 있을 것이다. 다음 기회를 기다릴 수밖에 없겠다. 여기서는 다만 書末의 「阿Q正傳 解說」에 이어 비교적 자세한 「魯迅年譜」를 붙임으로써 미진한 대로 아쉬움을 달래보기로 했다.

끝으로 어려움 속에도 쾌히 本書를 내주시고 또 출판에 애써주신 新雅社 여러분께 깊은 감사를 드린다.

1976년 1월　　일

河 正 玉 씀

〈阿 Q 遺 像〉

# 目 次



컷……豊子愷 漫畫「阿Q正傳」에서

# 阿 Q 正傳[1]

## 第一章 序

我要給阿Q做正傳，已經不止一兩年了．但一面要做，一面又往回想[2]，這足見我不是一個「立言」[3]的人，因爲從來不朽[4]之筆，須傳不朽之人，于是人以文傳，文以人傳——究竟[5]誰靠誰傳，漸漸的不甚[6]了然[7]起來，而終于歸結到傳阿Q[8]，彷彿思想裏有鬼似的[9]．

然而[10]要做這一篇速朽[11]的文章，纔下筆，便感到萬分的困難了．第一是文章的名目．孔子曰，「名不正則言不順」[12]．這原是應該極注意的．傳的名目很繁多：列傳[13]·自傳·內傳[14]·外傳[15]·別傳[16]·家

---

1) (→卷末註)

2) 往回想：=往回裏想．돌이켜 생각하다．쓰려고 생각하면서 한편으로는 쓸까 말까 생각하며 망설이다．

3) 立言：옛날 중국에서 말한 소위「三不朽」중의 하나로，후세에 남을 만한 훌륭한 말이나 이론을 세우다．

4) 不朽：썩어 없어지지 않음．언제까지나 길이 전하여 없어지지 않음．(→卷末)

5) 究竟：결국．

6) 不甚～：=不很～．아주 ～한 것은 아니다．(→卷末)

7) 了然：=瞭然．뚜렷하다．「漸漸的不甚了然起來」는「점점 모호해진다」의 뜻．

8) 而終于歸結到傳阿Q：그런데도 마침내 阿Q를 전한다는 데로 귀결짓다．

9) 彷彿思想裏有鬼似的：(阿Q를 전하겠다는) 생각 속에는 마치 귀신이라도 든 것 같다．(→卷末)

10) 然而：그렇지만．그러나．즉 귀신에게 홀려 阿Q의 전기를 쓰게 되었지만．

11) 速朽：금방 썩어 없어지다．곧 사라져버리다．(→卷末)

12) 名不正則言不順：이름이 바르지 못하면 말이 순리롭지 못하다．즉 名辭의 사용이 바르지 못하면 원리가 통하는 문장이 되지 못한다는 뜻．(→卷末)

13) 列傳：正史 가운데 신화나 그밖에 걸출한 개인의 傳記를 개별적으로 또는 몇 사람을 하나로 합쳐서 기술해놓은 부분．

傳・小傳……, 而可惜都不合. 「列傳」麼, 這一篇並非和許多濶人排在「正史」[1]裏; 「自傳」麼, 我又並非就是阿Q. 說是「外傳」, 「內傳」在那裏呢? 倘用「內傳」, 阿Q又决不是神仙. 「別傳」呢, 阿Q實在未曾有大總統上諭宣付國史館[2]立「本傳[3]」——雖說英國正史上並無「博徒列傳」, 而文豪迭更司[4]也做過「博徒別傳[5]」這一部書, 但文豪則可, 在我輩却不可的. 其次是「家傳[6]」, 則我旣不知與阿Q是否同宗[7], 也未曾受他子孫的拜託; 或「小傳[8]」, 則阿Q又更無別的「大傳[9]」了. 總而言之, 這一篇也便是「本傳」, 但從我的文章着想, 因爲文體卑下, 是「引車賣漿者流[10]」所用的話, 所以不敢僭稱, 便從不入三敎九流的小說家[11] 所謂「閒話休題言歸正傳[12]」這一句套話裏, 取出「正傳」兩個字來, 作爲名目, 即使[13]與古人所撰「書法正

---

14) 內傳:神仙에 관한 傳記. 「漢武內傳」이라 하여 漢武帝와 神仙과의 관계를 쓴 책에서 유래된 말이다.

15) 外傳:원래는 正史에 이미 傳이 있는데, 다시 또 다른 자료로써 써 놓은 傳記를 이르는 말. (→卷末)

16) 別傳:正史에 기록된 것 이외의 傳記.

1) 正史:「史記」에서부터 「明史」에 이르는 소위 「二十四史」를 말한다. (→卷末)

2) 未曾有大總統上諭宣付國史館……:지금까지 大總統의 詔書가 國史館에 내려져 ……하라고 한 적이 없다. (→卷末)

3) 本傳:正史 중의 列傳. (→卷末)

4) 迭更司:英國의 文豪 찰스 디킨즈(Charles Dickens; 1812—1870).

5) 「博徒別傳」:商務印書館에서 「說部叢書」의 하나로 출판된 小說. (→卷末)

6) 家傳:子孫이 스스로 또는 다른 文人에게 부탁하여 만든 家門의 傳記.

7) 同宗:같은 先祖를 가진 一家, 즉 同姓.

8) 小傳:간단한 傳記. (→卷末)

9) 大傳:상세한 傳記. (→卷末)

10) 引車賣漿者流:수레를 끌고 다니며, 음료수 따위를 파는 행상꾼. 白話 즉 口語體의 문장을 매도하여 한 말. (→卷末)

11) 不入三敎九流的小說家:三敎九流에 들지 못하는 小說家. (→卷末)

12) 閒話休題言歸正傳:군소리는 그만두고, 이야기를 본론으로 돌리다. (→卷末)

13) 即使～:가령. 설사 ～라 할지라도. 뒤에 나오는 「也」와 호응하여 쓰인 말로, 文章語的인 말.

傳[1]」的「正傳」字面上很相混，也顧不得了.

第二，立傳的通例，開首大抵該是「某，字某，某地人也[2]」，而我並不知道阿Q姓什麼. 有一回，他似乎是姓趙[3]，但第二日便模糊了. 那是趙太爺的兒子進了秀才[4]的時候，鑼聲鏜鏜的報到村裏來，阿Q正喝了兩碗黃酒[5]，便手舞足蹈的說，這于他也很光采[6]，因爲他和趙太爺原來是本家[7]，細細的排起來[8]他還比秀才長三輩呢. 其時幾個旁聽人倒也肅然的[9]有些起敬了. 那知道第二天，地保[10]便叫阿Q到趙太爺家裏去；太爺一見，滿臉濺朱[11]，喝道：

「阿Q，你這渾小子[12]！你說我是你的本家麼？」

阿Q不開口.

趙太爺愈看愈生氣了[13]，搶進幾步[14]說：「你敢胡說！我怎麼會有你這樣的本家？你姓趙麼？」

---

1) 「書法正傳」: 淸 馮武가 쓴 書藝에 관한 책 이름. 전 10권으로 이루어짐. (→卷末)

2) 某，字某，某地人也 : 전통적인 傳記의 序頭文句로서, 이름·字·出身地를 밝히는 말이다. 例 : 「汲黯，字長孺，濮陽人也.」(「史記」汲鄭列傳)

3) 姓趙 : 趙라고 姓하다. 여기서의 「姓」은 動詞的으로 쓰였다. (→卷末)

4) 秀才 : 縣學에 입학한 生員. (→卷末)

5) 黃酒 : 紹興地方에서 생산되는 술 이름. (→卷末)

6) 這于他也很光采 : 이것은 그에게 있어서도 큰 영광이었다. (→卷末)

7) 本家 : 同族의 친척 또는 同姓의 一族을 서로 本家라 한다. 따라서 어머니 쪽의 친척은 여기에 포함되지 않는다. (→卷末)

8) 排起來 : 순서에 따라 배열하면. 여기서는 血族 관계의 尊卑·上下의 순서를 그 行列에 따라 따져 본다는 뜻이다. (→卷末)

9) 肅然的 : 숙연해서. 畏敬의 마음으로. (→卷末)

10) 地保 : 100戶의 長. (→卷末)

11) 滿臉濺朱 : 온 얼굴이 붉어지다. 화가 나서 물감을 붓기라도 한 것처럼 얼굴이 새빨개졌다는 뜻이다.

12) 你這渾小子 : 너 이 바보 자식. (→卷末)

13) 愈看愈生氣了 : 보면 볼수록 화가 났다. (→卷末)

14) 搶進幾步 : 급히 몇 걸음 나아가다. 「搶」은 남의 물건을 강탈하듯 급히 다투어

阿Q不開口，想往後退了；趙太爺跳過去，給了他一個嘴巴.

「你怎麼會姓趙！ ——你那裏配姓趙[1]！」

阿Q並沒有抗辯他確鑿姓趙，只用手摸着左頰，和地保退出去了；外面又被地保訓斥了一番，謝了地保二百文酒錢[2]. 知道的人都說阿Q太荒唐[3]，自己去招打[4]；他大約未必姓趙，即使眞姓趙，有趙太爺在這裏，也不該如此胡說的[5]. 此後便再沒有人提起他的氏族來，所以我終于不知道阿Q究竟什麼姓.

第三，我又不知道阿Q的名字是怎麼寫的. 他活着的時候，人都叫他阿Quei，死了以後，便沒有一個人再叫阿Quei了，那裏還會有「著之竹帛」[6]的事. 若論「著之竹帛」，這篇文章要算第一次，所以先遇着了這第一個難關. 我曾經仔細想：阿Quei，阿桂還是阿貴呢？倘使他號叫月亭，或者在八月間做過生日，那一定是阿桂[7]了. 而他旣沒有號——也許有號，只是沒有人知道他，——又未嘗散過生日徵文的帖子[8]：寫作阿桂，是武斷的. 又倘若他有一位老兄或令弟[9]叫阿富，那一定是阿貴[10]了；而他又只是一個人：寫作阿貴，也沒有佐證

---

서 걸음을 나아가게 한다는 뜻.

1) 那裏配姓趙：어디에 趙氏가 될 자격이 있느냐?「配」는「～에 상응하다; ～할 만한 자격이 있다」의 뜻.

2) 謝了地保二百文酒錢：地保에게 200文의 술값을 주고 빌었다. (→卷末)

3) 荒唐：거칠고 터무니 없다.

4) 自己去招打：스스로 맞을 짓을 하다.「去」는 적극적 語氣를 나타내는 말.

5) 不該如此胡說的：이렇게 허튼 소리를 하는 게 아니다. (→卷末)

6) 著之竹帛：어떤 사실을 기록으로 남겨 후세에 전한다. (→卷末)

7) 阿桂：아꿰이[ㄍㄨㄟˋ guì]. (→卷末)

8) 未嘗散過生日徵文的帖子：생일에 축하의 詩文을 구하는 請牒狀을 돌린 적이 없다. (→卷末)

9) 老兄或令弟：형님이나 아우님. 두 가지가 다 야유하는 어투이다.

10) 阿貴：역시 아꿰이[ㄍㄨㄟˋ guì]. (→卷末)

的. 其餘音Quei的偏僻字樣[1], 更加湊不上[2]了. 先前, 我也曾問過趙太爺的兒子茂才[3]先生, 誰料博雅如此公[4], 竟也茫然, 但據結論說, 是因爲陳獨秀[5]辦了「新青年[6]」提倡洋字[7], 所以國粹淪亡[8], 無可查考了. 我的最後的手段, 只有託一個同鄕去查阿Q犯事的案卷, 八個月之後纔有回信, 說案卷裏並無與阿Quei的聲音相近的人. 我雖不知道是眞沒有, 還是沒有查, 然而也再沒有別的方法了. 生怕[9]注音字母[10]還未通行, 只好用了「洋字」, 照英國流行的拼法寫他爲阿Quei, 畧作阿Q. 這近于盲從「新青年」, 自己也很抱歉, 但茂才公尙且不知, 我還有什麼好辦法呢.

第四, 是阿Q的籍貫了[11]. 倘他姓趙, 則據現在好稱郡望[12]的老例, 可以照「郡名百家姓」[13]上的注解, 說是「隴西天水人也」, 但可惜這姓是不甚可靠的, 因此籍貫也就有些決不定. 他雖然多住未莊, 然而也常常宿在別處, 不能說是未莊人, 即使說是「未莊人也」, 也仍然有乖史法[14]的.

---

1) 其餘音Quei的偏僻字樣 : 그밖에 Quei로 발음되는 편벽스러운 글자들. (→卷末)
2) 更加湊不上 : 더욱 맞지 않는다. (→卷末)
3) 茂才 : 秀才(p.7 註④) 참조)와 같음. (→卷末)
4) 博雅如此公 : 이처럼 博識典雅하신 분. (→卷末)
5) 陳獨秀 : 現代中國의 사상가・정치가・문학평론가(1879—1940). (→卷末)
6) 「新青年」: 陳獨秀가 1915년 上海에서 창간한 잡지. (→卷末)
7) 提倡洋字 : 로마字를 제창하다. (→卷末)
8) 國粹淪亡 : 國粹가 멸망하다. 「國粹」란 정신적 또는 물질적으로 한 나라나 민족의 고유한 장점을 말한다. (→卷末)
9) 生怕 : 아마도. 십중 팔구는. (→卷末)
10) 注音字母 : 漢字의 表音 기호. (→卷末)
11) 是阿Q的籍貫了 : 이번에는 阿Q의 出身地다. (→卷末)
12) 郡望 : 한 郡에서 名望이 높은 家門. (→卷末)
13) 「郡名百家姓」: 옛날 學塾에서 사용하던 啓蒙教科書 중의 하나인 「百家姓」의 일종. (→卷末)

我所聊以自慰[1]的，是還有一個「阿」字非常正確[2]，絕無附會假借的缺點，頗可以就正于通人[3]．至于其餘，却都非淺學所能穿鑿，只希望有「歷史癖與考據癖[4]」的胡適之[5]先生的門人們，將來或者能够尋出許多新端緖來，但是我這「阿Q正傳」到那時却又怕早經消滅了[6]．

以上可以算是序．

## 第二章　優勝記畧[7]

阿Q不獨是姓名籍貫有些渺茫[8]，連他先前的「行狀[9]」也渺茫．因爲未莊的人們之于阿Q[10]，只要他幫忙，只拿他玩笑[11]，從來沒有留心他的「行狀」的[12]．而阿Q自己也不說，獨有和別人口角的時候，間或瞪着眼睛道：

---

4）有乖史法：歷史敍述方法에 어긋남이 있다．(→卷末)

1）聊以自慰：약간이나마 스스로 위안을 삼다．(→卷末)

2）「阿」字非常正確：「阿」字는 아주 정확하다는 것．(→卷末)

3）就正于通人：박학다식한 사람에게 가르침을 받다．전문가에게 평을 들어보다．(→卷末)

4）歷史癖與考據癖：歷史的 硏究와 考證的 硏究의 偏向이 병적으로 강한 것．(→卷末)

5）胡適之：이름이 適이고，適之는 字이다．安徽省 출신으로 文學理論家・哲學者・教育者(1891—1962)．(→卷末)

6）却又怕早經消滅了：그러나 벌써 사라져 버리고 말 것이다．(→卷末)

7）優勝記略：勝利記錄의 大略．(→卷末)

8）渺茫：멀리서 뚜렷하게 보이지 않다．근거가 없다．

9）行狀：한 사람의 평소의 行動과 品行，또는 죽은 사람의 行狀을 기록한 글．

10）人們之于阿Q：사람들의 阿Q에 대한 관계．(→卷末)

11）拿他玩笑：그를 조롱하다．「拿」는 「把」와 같으나，「拿～玩笑」는 약간 固定的이고，「開～玩笑」라고도 한다．

12）從來沒有～的：지금까지 ～한 적이 없다．「的」는 그러한 狀態가 변화하지 않고 存在하고 있다는 어감을 나타낸다．

「我們先前[1]——比你闊的多啦[2]！你算是什麼東西！」

阿Q沒有家[3]，住在未莊的土穀祠[4]裏；也沒有固定的職業，只給人家做短工[5]，割麥便割麥，舂米便舂米，撑船[6]便撑船．工作畧長久時，他也或住在臨時主人的家裏，但一完就走了．所以，人們忙碌[7]的時候，也還記起阿Q來[8]，然而記起的是做工，並不是「行狀」；一閑空，連阿Q都早忘却，更不必說「行狀」了．只是有一回，有一個老頭子頌揚[9]說：「阿Q眞能做！」這時阿Q赤着膊[10]，懶洋洋[11]的瘦伶仃[12]的正在他面前，別人也摸不着[13]這話是眞心還是譏笑，然而阿Q很喜歡．

阿Q又很自尊，所有[14]未莊的居民，全不在他眼睛裏，甚而至于[15]對於兩位「文童[16]」也有以爲不值一笑[17]的神情[18]．夫文童者，將來恐

---

1) 我們先前：우리들은 예전엔. 我를 써서 자기 집안이나 一族을 가리킨다.
2) 闊得多啦：훨씬 잘 살았다. (→卷末)
3) 沒有家：가정이 없다. 「家」는 建物을 뜻하는 말이 아니다.
4) 土穀祠：土地의 神과 五穀의 神에게 제사지내는 사당. 어느 마을이나 다 있는 것으로, 「土地廟」라고도 부른다.
5) 做短工：날품팔이를 하다. (→卷末)
6) 撑船：상앗대로 배를 밀려 나아가게 하다.
7) 忙碌：분주하다. 바쁘다. 보통의 「忙」과는 달리 숨돌릴 틈도 없을 정도로 바쁜 것을 말한다.
8) 記起阿Q來：阿Q를 생각해 내다. ＝想起阿Q來. 「記起來」는 원래 南方語였으나 오늘날에는 이미 普通話가 되었다.
9) 頌揚：칭찬하다. 원래 자기보다 신분이 높은 사람에게 쓰는 말로, 여기서는 시니칼한 어감을 풍겨 준다.
10) 赤着膊：옷을 벗어 상반신을 드러내고 있다. (→卷末)
11) 懶洋洋：권태로운 모습. 진력나게 길게 끄는 모양.
12) 瘦伶仃：여위어서 초라해 보이는 모습. 비틀거리는 모양.
13) 摸不着：알아낼 수가 없다. 짐작이 가지 않는다.
14) 所有：모든.
15) 甚而至于：심하게는. ＝甚之於. 「連～(也)～」를 다시 강조한 말씨.
16) 文童：秀才 준비생. (→卷末)
17) 不値一笑：한번 웃어줄 가치도 없다. 「値～」는 「～할 만한 가치가 있다」는 말.

怕要變秀才者也[1)]; 趙太爺·錢太爺大受居民的尊敬, 除有錢之外, 就因爲都是文童的爹爹, 而阿Q在精神上獨不表[2)]格外的崇奉, 他想: 我的兒子會闊得多啦! 加以[3)]進了幾回城, 阿Q自然更自負, 然而他又很鄙薄城裏人, 譬如用三尺長三寸寬的木板做成的凳子[4)], 未莊叫「長凳[5)]」, 他也叫「長凳」, 城裏人却叫「條凳[6)]」, 他想: 這是錯的, 可笑! 油煎[7)]大頭魚[8)], 未莊都加上半寸長的葱葉, 城裏却加上切細的葱絲[9)], 他想: 這也是錯的, 可笑! 然而未莊人眞是不見世面[10)]的可笑的鄉下人呵[11)], 他們沒有見過城裏的煎魚!

阿Q「先前闊」, 見識高, 而且「眞能做」, 本來幾乎是一個「完人[12)]」了, 但可惜他體質上還有一些缺點. 最惱人[13)]的是在他頭皮上, 頗有幾處不知起于何時的癩瘡疤[14)]. 這雖然也在他身上, 而看阿Q的意思, 倒也似乎以爲不足貴[15)]的, 因爲他諱說[16)]「癩」以及一切近于

---

18) 神情 : 표정. 거동. 정신 상태가 얼굴에 나타난 것.

1) 夫文童者, 將來恐怕要變秀才者也 : 무릇 文童된 사람은 앞으로 秀才가 될지도 모르는 것이니라. (→卷末)

2) 獨不表 : 혼자만이 나타내지 않다. 「獨」는 阿Q에 한정시킨 것이다.

3) 加以 : 게다가. 그뿐인가. 接續詞的으로 사용되었다.

4) 凳子 : 걸상. 등받이가 없이 걸터앉게만 되어 있는 의자.

5) 長凳 : 긴의자. 즉 긴 凳子.

6) 條凳 : 「長凳」과 같은 말로, 「條」는 길고 폭이 좁은 것을 나타내는 말이다.

7) 油煎 : 기름에 튀기다.

8) 大頭魚 : 도미 (鯛).

9) 葱絲 : 파를 얇고 가늘게 썰은 것. 잘게 자른 것은 「葱花」라 한다.

10) 不見世面 : 세상 물정을 잘 모르다.

11) 呵 : 이 글자는 본래 「꾸짖다, 깔깔 웃다」의 뜻으로, 발음도 [ㄏㄜ hē]인데, 여기서는 놀라움 등을 나타내는 語氣助詞 「啊」 「ㄚ a」 대신에 쓰인 것이다.

12) 完人 : 인격적으로 훌륭한 사람. 잘못이 전혀 없는 사람. 옛부터 人格·道德·學問이 모두 완전한 사람을 말했다.

13) 惱人 : 사람을 괴롭히다. 여기서의 「人」은 곧 阿Q를 지칭한다.

14) 頗有幾處不知起于何時的癩瘡疤 : 언제 생겼는지 모를 꽤 여러 군데의 부스럼 자국. (→卷末)

15) 不足貴 : 귀중하다기에는 불충분하다.

16) 諱說 : 말하는 것을 꺼리다.

「賴」的音，後來推而廣之，「光」也諱，「亮」也諱，再後來[1]，連「燈」「燭」都諱了．一犯諱，不問有心與無心[2]，阿Q便全疤通紅的發起怒來，估量了對手，口訥的他便罵[3]，氣力小的[4]他便打，然而不知怎麼一回事[5]，總還是阿Q喫虧的時候多．于是他漸漸的變換了方針，大抵改爲怒目而視[6]了．

誰知道阿Q採用怒目主義之後，未莊的閒人們便愈喜歡玩笑他．一見面，他們便假作喫驚的說：

「噲，亮起來了．」

阿Q照例的發了怒，他怒目而視了．

「原來有保險燈在這裏[7]！」他們並不怕．

阿Q沒有法，只得[8]另外想出報復的話來：

「你還不配[9]……」這時候，又彷彿在他頭上的是一種高尙的光榮的癩頭瘡，並非[10]平常的癩頭瘡了；但上文說過，阿Q是有見識的，他立刻知道和「犯忌[11]」有點抵觸，便不再往底下說[12]．

---

1) 再後來：더 뒤에는．「再」는 이처럼 時間詞도 수식한다．
2) 不問有心與無心：故意인지 아닌지 상관하지 않다．(→卷末)
3) 口訥的他便罵：말이 서툰 사람에게는 그는 욕을 퍼붓다．「口訥的」앞에「對於～」를 넣어서 생각해도 좋다．
4) 氣力小的：힘이 약한 사람에게는．앞에「口訥的」와 대응해서 한 말인데，「氣力」는「力氣」라고 쓰는 것이 일반적이다．
5) 怎麼一回事：어떻게 된 영문인지．왠일인지．(→卷末)
6) 怒目而視：성난 눈으로 쳐다보다．
7) 原來有保險燈在這裏：오라 安全燈이 여기 있었군．(→卷末)
8) 只得：～할 수밖에 없다．＝只好．
9) 你還不配……：너는 ……할 자격도 없다．너 같은 것이 ……할 수나 있겠나．(→卷末)
10) 並非～：결코 ～가 아니다．＝並不是．(→卷末)
11) 犯忌：禁忌를 범하다．터부에 걸리다．
12) 往底下說：계속해서 말하다．다음을 말하다．＝往下說．「繼續說」「說下去」와 같다．

閒人還不完，只撩[1]他，于是終而[2]至于[3]打．阿Q在形式上打敗了，被人揪住黃辮子，在壁上碰了四五個響頭[4]，閒人這纔心滿意足[5]的得勝的走了，阿Q站了一刻[6]，心裏想，「我總算[7]被兒子打了[8]，現在的世界眞不像樣[9]……」于是也心滿意足的得勝的走了．

阿Q想在心裏的，後來每每說出口來，所以凡有[10]和阿Q玩笑的人們，幾乎全知道他有這一種精神上的勝利法，此後每逢揪住他黃辮子的時候，人就先一着[11]對他說：

「阿Q，這不是兒子打老子，是人打畜生．自己說[12]：人打畜生！」

阿Q兩隻手都揑住了自己的辮根，歪着頭，說道：

「打蟲豸，好不好？我是蟲豸——還不放麼？」

但雖然是蟲豸，閒人也並不放，仍舊在就近什麼地方[13]給他碰了五六個響頭，這纔心滿意足的得勝的走了，他以爲阿Q這回可遭了瘟[14]．

---

1) 撩：놀리다. 짓궂게 굴다. 상대의 기분을 초조하게 하다. 「撩逗」라고도 한다.
2) 終而：끝내. ＝終至. 다음에 「至于」가 나오므로 「終于」란 말을 피한 것으로 본다.
3) 至于：～하기에 이르다. (→卷末)
4) 碰了四五個響頭：머리를 네댓번 소리가 나게 부딪치다.
5) 心滿意足：대단히 滿足한 모양：(→卷末)
6) 站了一刻：한참 동안 서 있었다. ＝站了一會. (→卷末)
7) 總算：하옇든 ～한 셈이다. 결국 ～한 격이다. 소극적으로 대충의 판단을 내린 경우에 쓰인다.
8) 被兒子打了：아들에게 맞았다. (→卷末)
9) 不像樣：꼴같지 않다. 돼먹지 않다.
10) 凡有：包括을 나타내는 말로, 뒤에 「都」「全」「全都」등의 副詞가 따른다.
11) 先一着：남보다 앞서 하다. 선수를 치다. 바둑이나 장기에서의 한 수도 「着」[ㄓㄠ zhāo]라 한다.
12) 自己說：(네가) 직접 말해라. ＝你自己說.
13) 在就近什麼地方：가까운 근처 어디엔가에서.
14) 這回可遭了瘟：이번에야말로 혼이 났다. (→卷末)

然而不到十秒鐘，阿Q也心滿意足的得勝的走了，　他覺得他是第一個能够自輕自賤的人，　除了「自輕自賤」不算外[1]，　餘下的就是「第一個」．　狀元[2]不也是「第一個」麼[3]？「你算是什麼東西」呢？

阿Q以如是等等[4]妙法[5]尅服怨敵之後，便愉快的跑到酒店裏喝幾碗酒，　又和別人調笑一通[6]，　口角一通，　又得了勝，　愉快的回到土穀祠，放倒頭睡着了[7]．　假使有錢，他便去押牌寶[8]，　一堆人蹲在地面上，阿Q即汗流滿面的夾在這中間，聲音他最響[9]：

「青龍[10]四百！」

「咳～～開～～啦！」 樁家[11]揭開盒子蓋，也是汗流滿面的唱．「天

---

1) 除了「自輕自賤」不算外：「자신을 비하한다」는 것을 제하여 계산에 넣지 않는다. 「자기를 비하한다」는 것을 문제 밖에 두다.
2) 狀元：科擧試驗의 首席合格者. (→卷末)
3) 不也～嗎？：～도 ～가 아닌가？「也不～」와 달리 反語로 쓰일 때는 「不也～」가 된다.
4) 如是等等：이와 같은 여러 가지. 文章語的인 표현이다.
5) 妙法：기묘한 방법. 漢譯된 佛經에 흔히 쓰여 「훌륭하고 신묘한 佛法」을 뜻하는 말로, 풍자적인 맛을 더욱 돋구어준다.
6) 調笑一通：한 바탕 시시덕거리다. 「一通」은 「一下」와 비슷한 말이다.
7) 放倒頭睡着了：머리부터 훌쩍 옆으로 눕자 잠들어버렸다. 아무렇게나 고꾸라져 잠들어버렸다.
8) 押牌寶：牌寶놀음을 하다. (→卷末)
9) 聲音他最響：소리는 그가 가장 크게 잘 울려 퍼지다. (→卷末)
10) 靑龍：다음 줄에 나오는 「天門」「角」「人」「穿堂」과 함께 모두 牌寶놀음에 쓰이는 패의 이름. (→卷末)
11) 樁家：물주.

門啦～～角回啦[1]～～！ 人和穿堂[2]空在那裏啦[3]～～！ 阿Q的銅錢拿過來[4]～～！」

「穿堂一百——一百五十！」

阿Q的錢便在這樣的歌吟之下，漸漸的輸入別個汗流滿面的人物的腰間[5]. 他終于只好擠出堆外[6]，站在後面看，替別人着急，一直到散場[7]，然後戀戀的回到土穀祠，第二天，腫着眼睛去工作.

但眞所謂「塞翁失馬安知非福[8]」罷，阿Q不幸而贏了一回， 他倒幾乎失敗了.

這是未莊賽神[9]的晚上. 這晚上照例有一臺戲，戲臺左近，也照例有許多的賭攤[10]. 做戲的鑼鼓，在阿Q耳朶裏彷彿在十里之外；他只聽得[11]樁家的歌唱了， 他贏而又贏[12]， 銅錢變成角洋[13]，角洋變成大洋[14]，大洋又成了疊[51]. 他興高采烈得非常:

---

1) 角回啦：角는 돌려가라, 즉 角는 텄다. 「角回」를 하나의 돈 거는 장소로 보기도 한다.

2) 人和穿堂：人과 穿堂. 「角回」의 경우와 마찬가지로, 「人和」와「穿堂」으로 보아, 「人和」도 하나의 돈 거는 장소로 보기도 한다.

3) 空在那裏啦：(아무도 돈 건 사람이 없어) 그곳이 비어 있다.

4) 拿過來：(이쪽으로) 가져와라. (이쪽으로) 건네 주게.

5) 輸入～腰間：～의 허리춤 속으로 흘러들다. 「輸」는 「지다, 패하다」의 뜻도 있다. (→卷末)

6) 擠出堆外：비집고 군중 밖으로 나오다.

7) 散場：회의나 연극·영화 등이 끝나다.

8) 塞翁失馬安知非福：국경지대 늙은이 말 잃어버린 것이 복이 아님을 어찌 알랴. (→卷末)

9) 賽神：동네 제사. 축제.

10) 賭攤：도박판. 「攤」은 노점의 뜻이므로, 곧 假設의 도박장을 말한다.

11) 聽得：들리다. 귀에 들어오다. (→卷末)

12) 贏而又贏：이기도 또 이기다. (→卷末)

13) 角洋：10錢짜리 銀貨.

14) 大洋：1元짜리 銀貨. (→卷末)

15) 成了疊：쌓였다. 무더기를 이루었다. (→卷末)

「天門兩塊！」

他不知道誰和誰爲什麼打起架來[1]了. 罵聲・打聲・脚步聲, 昏頭昏腦的一大陣[2], 他纔爬起來, 賭攤不見了[3], 人們也不見了, 身上有幾處很似乎有些痛, 似乎也挨了幾拳幾脚[4]似的, 幾個人詫異的對他看. 他如有所失的[5]走進土穀祠, 定一定神, 知道他的一堆洋錢不見了. 趕賽會的賭攤[6]多不是本村人, 還到那裏去尋根柢[7]呢？

很白很亮的一堆洋錢！ 而且是他的——現在不見了！ 說是算被兒子拿去了罷, 總還是忽忽不樂[8]；說自己是蟲豸罷, 也還是忽忽不樂：他這回纔有些感到失敗的苦痛了.

但他立刻轉敗爲勝了. 他擎起[9]右手, 用力的在自己臉上連打了兩個嘴巴, 熱剌剌的[10]有些痛；打完之後, 便心平氣和起來, 似乎打的是自己, 被打的是別一個自己, 不久也就彷彿是自己打了別個一般, ——雖然還有些熱剌剌, ——心滿意足的得勝的躺下了.

他睡着了.

---

1) 打起架來：싸우기 시작하다. (→卷末)
2) 昏頭昏腦的一大陣：한참동안 뭐가 뭔지 모르는 상태였다. (→卷末)
3) 不見了：보이지 않았다. (→卷末)
4) 挨了幾拳幾脚：주먹으로 몇 대 얻어맞고 발길로 몇 차례 걷어차였다. (→卷末)
5) 如有所失的：무엇인가 잃어버린 것이 있는 것처럼 멍청한 모양. 무언가가 부족한 듯한 상태를 말할 때도 있다.
6) 趕賽會的賭攤：마을 제사를 따라 벌어지는 도박장. (→卷末)
7) 尋根柢：일의 근본을 찾다. 일의 원인을 묻다. ＝尋根究底・尋根問底. (→卷末)
8) 忽忽不樂：마음이 내키지 않고 우울하다. 「忽忽」는 失意한 모양.
9) 擎起：높이 올리다. ＝擧起.
10) 熱剌剌的：(아픔으로) 얼얼하게. (→卷末)

## 第三章 續優勝記畧

然而[1]阿Q雖然常優勝，却直待蒙趙太爺打他嘴巴之後[2]，這纔[3]出了名.

他付過[4]地保二百文酒錢，忿忿的躺下了，後來想:「現在的世界太不成話，兒子打老子……」于是忽而想到趙太爺的威風，而現在是他的兒子了，便自己也漸漸的得意起來，爬起身[5]，唱着「小孤孀上墳[6]」到酒店去. 這時候，他又覺得趙太爺高人一等[7]了.

說也奇怪，從此之後，果然大家也彷彿格外尊敬他. 這在阿Q[8]，或者以爲因爲他是趙太爺的父親，而其實也不然. 未莊通例，倘如阿七打阿八[9]，或者李四打張三[10]，向來[11]本不算一件事[12]，必須與一位名人如趙太爺者相關，這纔載上他們的口碑[13]. 一上口碑，則打的旣有名，被打的也就託庇[14]有了名. 至于錯在阿Q，那自然是不必說. 所

1) 然而：이와 같이 하여. (→卷末)
2) 待蒙趙太爺打他嘴巴之後：趙영감에게 빰을 얻어맞고 난 후에야. (→卷末)
3) 這纔：이때에야. 비로소. =這時纔. 「纔」는 「才」로도 쓴다.
4) 付過：지불했다. (→卷末)
5) 爬起身：기어 일어나다. 손을 짚고 몸을 일으키다. 손과 발을 땅에 대고 일어나다.
6) 「小孤孀上墳」：紹興地方에서 유행하던 地方劇 이름. (→卷末)
7) 高人一等：남보다 한 등 높다. 남보다 유달리 뛰어나다. (→卷末)
8) 這在阿Q：이것은 阿Q에게 있어서는. 이것은 阿Q로서는. (→卷末)
9) 阿七·阿八：흔히 있는 人物을 例示하는 경우에 쓰이는 이름.
10) 張三·李四：「阿七」「阿八」와 마찬가지로 쓰인다. (→卷末)
11) 向來：이제까지. 종래.
12) 不算一件事：하나의 일로 치지 않는다. 문제가 되지 않는다.
13) 載上他們的口碑：그들의 입에 오르다. 그들의 소문거리가 되다. (→卷末)
14) 託庇：덕택에. 덕분에. =託福. 위에 나온 「蒙」(註②)과 같이 야유조의 말씨.

以者何[1]? 就因爲趙太爺是不會錯的. 但他旣然錯, 爲什麼大家又彷彿格外尊敬他呢? 這可難解, 穿鑿起來[2]說, 或者因爲阿Q說是趙太爺的本家, 雖然挨了打, 大家也還怕有些眞, 總不如尊敬一些穩當[3]. 否則, 也如孔廟裏的太牢[4]一般, 雖然與猪羊一樣, 同是畜生, 但旣經聖人下箸[5], 先儒們[6]便不敢妄動[7]了.

阿Q此後倒得意了許多年.

有一年的春天, 他醉醺醺的[8]在街上走, 在牆根的日光下, 看見王鬍在那裏赤着膊捉蝨[9]子, 他忽然覺得身上也癢起來了. 這王鬍, 又癩又鬍[10], 別人都叫他王癩鬍, 阿Q却删去了一個癩字[11], 然而非常渺視[12]他. 阿Q的意思, 以爲癩是不足爲奇的, 只有這一部絡腮鬍子[13], 實在太新奇[14], 令人看不上眼[15]. 他于是並排坐下去了. 倘是

---

1) 所以者何 : 이유는 무엇인가. 도대체 무엇 때문인가. (→卷末)
2) 穿鑿起來 : 철저하게 이유를 캐보면.
3) 總不如尊敬一些穩當 : 하옇든 약간 떠받들어 주는 편이 안전하다.
4) 太牢 : 옛날 제사에 희생으로 바친 소. (→卷末) 「럽 보는 편이 좋다.
5) 旣經聖人下箸 : 聖人 즉 孔子가 이미 수저를 댄 이상. 「旣經」은 하나의 단어처
6) 先儒們 : 孔子의 제자들. 孔子를 숭배하는 학자들. 「先」은 「先代」 또는 「前代」 또는 「先輩」라는 뜻이다.
7) 妄動 : 멋대로 太牢에 젓가락을 대다. (→卷末)
8) 醉醺醺的 : 거나하게 취해서. 「的」는 狀態助詞.
9) 在那裏赤着膊捉蝨子 : 웃통을 벗고서 이를 잡고 있다. (→卷末)
10) 又癩又鬍 : 부스럼장이이기도 하고, 털보이기도 하다. (→卷末)
11) 删去了一個癩字 : 癩란 글자 하나를 빼어 버렸다. (→卷末)
12) 渺視 : 경시하다. 바보 취급하다. =藐視·小看. 「말할 때 쓰이는 量詞이다.
13) 這一部絡腮鬍子 : 뺨에서부터 턱에까지 이어지는 수염. 「部」는 수염을 일괄해서
14) 新奇 : 기이하다. 이상하다. 「는다. 미워하다. 「眼」을 생략해도 같은 뜻이다.
15) 看不上眼 : 꼴사나와 볼 수가 없다. 보면 불쾌한 느낌이 든다. 마음에 들지 않

別的閒人們，阿Q本不敢大意坐下去．但這王鬍旁邊，他有什麼怕呢？老實說：他肯坐下去，簡直還是擡舉他[1]．

阿Q也脫下破夾襖[2]來，翻檢[3]了一同，不知道因爲新洗呢還是因爲粗心，許多工夫，只捉到三四個．他看那王鬍，却是一個又一個，兩個又三個，只放在嘴裏畢畢剝剝的響．

阿Q最初是失望，後來却不平了：看不上眼的王鬍尙且那麼多，自己倒反[4]這樣少，這是怎樣的大失體統[5]的事呵！他很想尋一兩個大的[6]，然而竟沒有，好容易[7]纔捉到一個中的，恨恨的[8]塞在[9]厚嘴唇裏，很命[10]一咬，劈的一聲，又不及王鬍響．

他癩瘡疤塊塊通紅了，將衣服摔在地上，吐一口唾沫，說：

「這毛蟲！」

「癩皮狗．你罵誰？」王鬍輕蔑的擡起眼來說．

阿Q近來雖然比較的受人尊敬，自己也更高傲些，但和那些打慣[11]的閒人們見面還膽怯，獨有這同却非常武勇了．這樣滿臉鬍子的東

---

1) 擡擧他：그를 추켜올리다.「擡擧」는 身分을 높인다는 의미이다.
2) 破夾襖：겹으로 된 해진 上衣.
3) 翻檢：뒤집어서 찾다.
4) 倒反：도리어. =反倒.
5) 大失體統：크게 체면이 손상되다.「體統」은 品位·面目의 뜻이다.
6) 尋一兩個大的：큰 것을 한두 마리 찾다.「尋」은「找」와 同義語로 南方에서 많이 쓰이는 말이다.
7) 好容易：겨우. 가까스로. (→卷末)
8) 恨恨的：분하다는 듯.
9) 塞在～：～에 밀어넣다. ex. 把錢塞在口袋裏：돈을 주머니에 밀어넣다. 이는 北京語 특유의 표현방법이라고 한다.
10) 很命：힘껏. 목숨을 걸고. =狠命.
11) 打貫：때려버릇하다. 자주 때리곤 했다. 싸움에 익숙해지다.

西，也敢出言無狀[1]麼？

「誰認便罵誰[2]！」他站起來，兩手叉在腰間[3]說.

「你的骨頭癢了麼[4]？」王鬍也站起來，披上衣服[5]說.

阿Q以爲他要逃了，搶進去就是一拳[6]. 這拳頭還未達到身上，已經被他抓住了，只一拉，阿Q蹌蹌踉踉的[7]跌進去[8]，立刻又被王鬍扭住了辮子，要拉到牆上照例去碰頭[9].

「『君子動ロ不動手[10]』！」阿Q歪着頭說.

王鬍似乎不是君子，並不理會[11]，一連[12]給他碰了五下，又用力的

1) 出言無狀：말을 무례하게 하다. 난폭한 말을 하다. 솜씨가 거칠다. (→卷末)
2) 誰認便罵誰：그렇다고 생각한 사람을 욕하고 있다. 누구한테 욕하느냐면, 자기가 누구라고 그렇게 생각하는 바로 그녀석이다. 즉「누군 누구냐, 바로 네놈이지！」.
3) 兩手叉在腰間：두 손을 허리께에 올려 놓다. (→卷末)
4) 骨頭癢了嗎：뼈다귀가 근질근질하냐. 즉 맞고 싶으냐는 뜻.
5) 披上衣服：옷을 걸쳐 입다.
6) 搶進去就是一拳：위세좋게 달려들어 갑자기 주먹을 한 대 휘둘렀다. (→卷末)
7) 蹌蹌踉踉的：비틀비틀. 비실비실.
8) 跌進去：쓰러지면서 앞으로 쏠리다. 즉 王鬍 쪽으로 넘어지다.「～進去」를「～過去」로 보아도 상관 없다.
9) 要拉到牆上照例去碰頭：담벽 쪽으로 끌고 가서 상례대로 머리를 담벽에 부딪치려고 하였다.
10) 君子動ロ不動手：君子는 입으로 하지 손을 쓰지는 않는다. 즉「君子는 말로 싸우지 폭력을 행사하지를 않는다」는 格言. (→卷末)
11) 理會：상관하다. 개의하다.
12) 一連：연속해서.「一」는 副詞로「일시에, 한꺼번에」의 뜻이다.

**一推[1)]，至于阿Q跌出六尺多遠，這纔滿足的去了.**

**在阿Q的記憶上，這大約要算是生平第一件的屈辱，因爲王鬍以絡腮鬍子的缺點[2)]，**向來只被他奚落[3)]，從沒有奚落他，更不必說動手了. 而他現在竟動手，很意外，難道眞如市上所說，皇帝已經停了考[4)]，不要秀才和擧人[5)]了，因此趙家減了威風. 因此他們也便小覰[6)]了他麽？

阿Q無可適從[7)]的站着.

遠遠的走來了一個人，他的對頭[8)]又到了. 這也是阿Q最厭惡的一個人，就是錢太爺的大兒子. 他先前跑上城裏去進洋學堂[9)]，不知怎麽又跑到東洋[10)]去了，半年之後他囘到家裏來，腿也直了[11)]，辮子也不見了，他的母親大哭了十幾場[12)]，他的老婆[13)]跳了三囘井[14)]. 後來，他的母親到處說，「這辮子是被壞人灌醉了酒[15)]剪去的. 本來可以做大官，現在只好等留長再說[16)]了.」 然而阿Q不肯信，偏稱他[17)]「假洋

---

1) 用力的一推：힘껏 갑자기 밀어부치다. (→卷末)
2) 以～的缺點：～라는 결점에 의해. ～한 결점 때문에.
3) 奚落：희롱하다. 비웃다. 칭찬하는 듯 말하면서도 실은 모독을 주는 경우이다.
4) 停了考：시험을 중지했다. (→卷末)
5) 擧人：鄕試에 합격한 사람. (p.7 註④) (→卷末)
6) 小覰：깔보다. 업신여기다. ＝小看.
7) 無可適從：어떻게 해야 할지 모르다. 어느 쪽으로 가야 할지를 모르다. 「適從」은 떠나가다, 향하여 가다.
8) 對頭：상대. 적수. 라이발. ＝對手.
9) 洋學堂：淸末에 생긴 외국식의 학교. 종래의 「學堂」에 대하여 말한 것이다.
10) 東洋：日本. 中國에서 보면 동쪽에 위치해 있으므로 西洋에 대하여 말한 것.
11) 腿也直了：다리도 똑바르게 되었다. (→卷末)
12) 大哭了十幾場：열 몇 차례나 크게 울었다. (→卷末)
13) 老婆：마누라. 여편네. 아내를 약간 속되게 부르는 말이다.
14) 跳了三囘井：세 번이나 우물에 뛰어들었다. (→卷末)
15) 灌醉了酒：억지로 술을 마셔 취했다. (→卷末)
16) 等留長再說：(머리털을) 길게 길러놓고 보자. (→卷末)
17) 偏稱他～：일부러 그를 ～라 불렀다. (→卷末)

鬼子[1])」, 也叫作「裏通外國的人[2])」, 一見他, 一定在肚子裏[3])暗暗的咒罵[4]).

阿Q尤其「深惡而痛絕之[5])」的, 是他的一條假辮子[6]). 辮子而至于假[7]), 就是沒有了做人的資格; 他的老婆不跳第四回井, 也不是好女人. 這「假洋鬼子」近來了.

「禿兒[8]). 驢[9])……」阿Q歷來本只在肚子裏罵, 沒有出過聲, 這回因爲正氣忿[10]), 因爲要報讎, 便不由的輕輕的說出來了.

不料這禿兒却拿着一支黃漆的棍子——就是阿Q所謂哭喪棒[11])——大踏步走了過來. 阿Q在這刹那, 便知道大約要打了[12]), 趕緊抽緊筋骨[13]), 聳了肩膀等候着, 果然, 拍的一聲, 似乎確鑿[14])打在自己頭上了.

「我說他[15])!」阿Q指着近旁的一個孩子, 分辯說.

拍! 拍拍!

---

1) 假洋鬼子 : 가짜 양도깨비. 가짜 양놈. (→卷末)
2) 裏通外國的人 : 외국과 내통하는 사람. 외국인의 앞잡이. 즉 「漢奸」를 말한다. 「裏」는 「속」 즉 「內」라는 뜻이다.
3) 肚子裏 : 속으로. (→卷末)
4) 咒罵 : 저주하다.
5) 深惡而痛絕之 : 몹시 증오하여 철저하게 원망하다. 통절하게 증오하다.
6) 假辮子 : 가짜 변발. 즉 변발 모양으로 만든 가발. (→卷末)
7) 辮子而至于假 : 변발이 가짜임에 이르러서. 변발이 가짜이기 때문에. (→卷末)
8) 禿兒 : 대머리. 중대가리. 욕으로 쓰는 말.
9) 驢 : 당나귀. (→卷末)
10) 氣忿 : 까닭없이 화를 내다.
11) 哭喪棒 : 喪杖. 부모가 죽었을 때 상주인 아들이 露祭를 지내면서 짚는 지팡이. (→卷末)
12) 大約要打了 : 아마 때리게 될 것이다. 아마 맞게 될 것이다.
13) 抽緊筋骨 : 몸을 긴장시키다. 몸을 굳게 하다.
14) 確鑿 : 정말로.
15) 我說他 : 나는 저 사람 이야기를 하다. (→卷末)

在阿Q的記憶上，這大約要算是生平第二件的屈辱．幸而拍拍的響了之後，于他[1]倒似乎完結了一件事，反而覺得輕鬆[2]些，而且「忘却」這一件祖傳的寶貝也發生了効力，他慢慢的走，將到[3]酒店門口，早已有些高興了．

但對面走來了靜修菴裏的小尼姑．阿Q便在平時，看見伊[4]也一定要唾罵[5]，而況[6]在屈辱之後呢？ 他于是發生了回憶，又發生了敵愾了．

「我不知道我今天爲什麼這樣晦氣[7]，原來就因爲見了你！」他想．

他迎上去[8]，大聲的吐一口唾沫：

「咳，呸！」

小尼姑全不睬，低了頭只是走．阿Q走近伊身旁，突然伸出手去摩着伊新剃的頭皮，獃笑着，說：

「禿兒！ 快回去，和尙[9]等着你……」

「你怎麼動手動脚[10]……」尼姑滿臉通紅的說，一面趕快走．

酒店裏的人大笑了．阿Q看見自己的勳業得了賞識[11]，便愈加[12]興

1) 于他：그의 입장에서는. ＝在他.
2) 輕鬆：(기분에) 마음이 놓이다. 가벼운 마음이 되다.
3) 將到～：～에 닿으려 하다.「將」은 文章語的인 표현이다.
4) 伊：그녀. (→卷末)
5) 唾罵：멸시하여 욕을 퍼붓다. 침을 뱉을 것같이 심하게 욕하다.
6) 而況：더우기 ～이므로. 이 말은「也～(便～)，而況～」으로 이어지는 句法이다.
7) 晦氣：나쁜 운수. 자꾸만 일이 순조롭게 돼가질 않다.
8) 迎上去：정면으로 향하여 가다.「～上去」는 일정한 방향으로 똑바로 향하는 경우에 쓴다.
9) 和尙：중. 남자 중을 이르는 말로, 앞에 나온「尼姑」(여승)에 상대되는 말.
10) 動手動脚：함부로 건드리다. 멋대로 집적거리다.
11) 勳業得了賞識：큰 공적이 칭찬을 받다.
12) 愈加：더욱 더.「更加」(p.9 註②)와 같은 구조의 부사로，文章語的인 표현이다.

高采烈起來：

「和尚動得，我動不得[1]？」他扭住伊的面頰.

酒店裏的人大笑了．阿Q更得意，而且爲滿足那些賞鑒家起見[2]，再用力的一擰，纔放手.

他這一戰，早忘却了王鬍，也忘却了假洋鬼子，似乎對于今天的一切「晦氣」都報了讎；而且奇怪，又彷彿全身比拍拍的響了[3]之後更輕鬆，飄飄然[4]的似乎要飛去了.

「這斷子絕孫的阿Q[5]！」遠遠地聽得小尼姑的帶哭的聲音.

「哈哈哈！」阿Q十分得意的笑.

「哈哈哈！」酒店裏的人也九分[6]得意的笑.

## 第四章　戀愛的悲劇

有人說：有些勝利者，願意敵手如虎，如鷹，他纔感得勝利的歡喜；假使如羊，如小雞，他便反覺得勝利的無聊．又有些勝利者，當克服

---

1) 動不得：닿으면 안된다. (→卷末)
2) 爲滿足那些賞鑒家起見：그들 감상가들을 만족시켜 주기 위해서. (→卷末)
3) 拍拍的響了：딱 딱 하고 소리가 났다. 喪杖으로 얻어맞았을 때를 말한다.
4) 飄飄然：날아갈 듯한 모양. 발이 땅에 닿지 않고 들뜬 모양.
5) 這斷子絕孫的阿Q：이 後孫이 끊길 阿Q놈아. (→卷末)
6) 九分：꽤. (→卷末)

一切之後，看見死的死了，降的降了，「臣誠惶誠恐死罪死罪[1]」，他于是沒有了敵人，沒有了對手，沒有了朋友，只有自己在上，一個，孤另另[2]，淒涼，寂寞，便反而感到了勝利的悲哀．然而我們的阿Q却沒有這樣乏[3]，他是永遠得意的：這或者也是中國精神文明冠于全球[4]的一個證據了．

看哪，他飄飄然的似乎要飛去了！

然而這一次的勝利，却又使他有些異樣．他飄飄然的飛了大半天，飄進土穀祠，照例應該躺下便打鼾．誰知道這一晚，他很不容易合眼，他覺得自己的大拇指和第二指有點古怪：彷彿比平常滑膩[5]些．不知道是小尼姑的臉上有一點滑膩的東西黏[6]在他指上，還是他的指頭在小尼姑臉上磨得滑膩了？……

「斷子絕孫的阿Q！」

阿Q的耳朵裏又聽到這句話．他想：不錯，應該有一個女人，斷子絕孫便沒有人供一碗飯[7]，……應該有一個女人．夫「不孝有三無後爲大[8]」，而「若敖之鬼餒而[9]」，也是一件人生的大哀，所以他那思想，

---

1) 臣誠惶誠恐死罪死罪：小臣은 진실로 황공하옵고，죽을 죄를 지었읍니다．(→卷末)

2) 孤另另：혼자만 외로이 있는 모양．(→卷末)

3) 乏：힘이 없다．의지가 약하다．다부진 데가 없다．(→卷末)

4) 中國精神文明冠于全球：중국의 정신문명이 전세계에서 으뜸이다．(→卷末)

5) 滑膩：미끈미끈한 느낌이 들다．단순히 미끄러운 느낌은「滑溜溜」라 쓴다．

6) 黏：붙다．아교처럼 끈적거리며 붙다．

7) 沒有人供一碗飯：한 그릇 밥을 차려 줄 사람이 없다．즉 사후에 자손이 없으면 제사를 차려 줄 사람이 없다는 뜻．

8) 不孝有三無後爲大：불효에 세 가지가 있는데，그중 자식 없는 것이 가장 큰 不孝이다．(→卷末)

其實是樣樣合于聖經賢傳[1]的，只可惜後來有些「不能收其放心[2]」了.

「女人！女人！……」他想.

「……和尙動得……女人，女人！……女人！」他又想.

我們不能知道這晚上阿Q在什麼時候纔打鼾．但大約他從此總覺得指頭有些滑膩，所以他從此總有些飄飄然；「女……」他想.

即此一端[3]，我們便可以知道女人是害人的東西[4].

中國的男人，本來大半都可以做聖賢，可惜全被女人毁掉了．商是妲己鬧亡的[5]；周是褒姒弄壞的[6]；秦……雖然史無明文，我們也假定他因爲女人，大約未必十分錯[7]；而董卓[8]可是的確給貂蟬害死了[9].

阿Q本來也是正人，我們雖然不知道他曾蒙什麼明師指授過，但他對于「男女之大防[10]」却歷來非常嚴；也很有排斥異端[11]——如小尼姑及假洋鬼子之類——的正氣[12]．他的學說是：凡尼姑，一定與和尙私通；一個女人在外面走，一定想引誘野男人[13]；一男一女[14]在那裏

9) 若敖之鬼餒而：若敖의 죽은 귀신이 굶었다. (→卷末)

1) 聖經賢傳：聖賢의 가르침. (→卷末)

2) 不能收其放心：자기의 마음이 조심성 없어지는 것을 바로잡을 수가 없다. (→卷末)

3) 即此一端：이 한 가지 일로 해서. 文語的 표현.

4) 女人是害人的東西：여자란 사람을 해치는 것이다. (→卷末)

5) 商是妲己鬧亡的：商王朝는 妲己가 멸망시킨 것이다. (→卷末)

6) 周是褒姒弄壞的：周王朝는 褒姒가 망쳐버린 것이다. (→卷末)

7) 未必十分錯：아주 잘못되었다고는 할 수 없다.

8) 董卓：漢末의 장군. (→卷末)

9) 給～害死了：～에게 죽임을 당하다. (→卷末)

10) 男女之大防：남녀간에 크게 경계할 점. 남녀는 절대로 접근해서는 안된다는 여러 가지 엄격한 규칙을 말함. (→卷末)

11) 異端：聖人의 道에 어긋나는 것. (→卷末)

12) 正氣：정당한 氣慨.

13) 野男人：난잡하고 외설한 남자. 샛서방. 남의 情夫를 욕하는 말로, 「野漢子」와 같은 말이다.

14) 一男一女：한 남자와 한 여자. (→卷末)

講話[1]，一定要有勾當[2]了．爲懲治他們起見，所以[3]他往往怒目而視，或者大聲說幾句「誅心」話[4]，或者在冷僻處，便從後面擲一塊小石頭．

誰知道他將到「而立[5]」之年，竟被小尼姑害得飄飄然了．這飄飄然的精神，在禮教上是不應該有的，——所以女人眞可惡，假使小尼姑的臉上不滑膩，阿Q便不至于被蠱[6]，又假使小尼姑的臉上蓋一層布[7]，阿Q便也不至于被蠱了，——他五六年前，曾在戲臺下的人叢中擰過一個女人的大腿，但因爲隔一層褲[8]，所以此後並不飄飄然，——而小尼姑並不然，這也足見異端之可惡[9]．

「女……」阿Q想．

他對于以爲「一定想引誘野男人」的女人，時常留心看，然而伊並不對他笑．他對于和他講話的女人，也時常留心聽，然而伊又並不提起關于什麼勾當的話來．哦，這也是女人可惡之一節：伊們全都要裝「假正經[10]」的．

這一天，阿Q在趙太爺家裏舂了一天米[11]，喫過晚飯，便坐在廚房

---

1) 在那裏講話：이야기를 하고 있다. (→卷末)
2) 勾當：꿍꿍이속. 수상쩍은 일. 否定的인 의미에서의 어떤 일.
3) 爲懲治他們起見，所以～：그를 응징하기 위해서. (→卷末)
4) 「誅心」話：상대의 底意를 꾸짖는 말.
5) 而立：30歲. (→卷末)
6) 蠱：마음이 어지럽고 홀으러지다. =惑.
7) 蓋一層布：천으로 덮여 있다. (→卷末)
8) 隔一層褲：바지가 가로막고 있다. (→卷末)
9) 異端之可惡：異端의 가증스러움. (→卷末)
10) 裝「假正經」：「거짓 정숙」을 가장하다. 본성을 죽이고 얌전한 체 시치미를 떼다. 「正經」은 여자의 貞節에 관련시켜 한 말이다.
11) 舂了一天米：하루 방아품을 들다. (→卷末)

裏吸旱煙[1]. 倘在別家，喫過晚飯本可以回去的了，但趙府上晚飯早，雖說定例不准掌燈[2]，一喫完便睡覺，然而偶然也有一些例外：其一，是趙大爺未進秀才的時候，准其點燈[3]讀文章；其二，便是阿Q來做短工的時候，准其點燈舂米. 因爲這一條例外，所以阿Q在動手[4]舂米之前，還坐在廚房裏吸旱煙.

吳媽[5]，是趙太爺家裏唯一的女僕，洗完了碗碟，也就在長凳上坐下了，而且和阿Q談閒天[6]：

「太太兩天沒有喫飯哩[7]，因爲老爺要買一個小的[8]……」

「女人……吳媽……這小孤孀……」阿Q想.

「我們的少奶奶[9]是八月裏要生孩子了……」

「女人……」阿Q想.

阿Q放下煙管，站了起來[10].

「我們的少奶奶……」吳媽還嘮叨[11]說.

---

1) 旱煙：곰방대 담배. (→卷末)
2) 掌燈：등불을 켜다. =點燈·上燈. (→卷末)
3) 准其點燈：등불 켜는 것을 허락하다. (→卷末)
4) 動手：착수하다. (→卷末)
5) 吳媽：吳氏 성을 가진 결혼한 下女.
6) 談閒天：잡담을 하다. =談天·聊天.
7) 沒有喫飯哩：밥을 먹지 않고 있다. 「哩」는 方言性이 짙은 語氣詞로서, 北方語의 「呢」와 같은 것.
8) 小的：첩=小老婆·小妻.
9) 少奶奶：작은 아씨. 젊은 아씨. 즉 趙秀才의 부인을 두고 하는 말.
10) 站了起來：일어섰다. (→卷末)
11) 嘮叨：연달아 중얼거리다.

「我和你睏覺[1]，　我和你睏覺！」

阿Q忽然搶上去[2]，對伊跪下了.

一剎時中很寂然.

「阿呀！」吳媽楞了一息[3]，突然發抖，大叫着往外跑，且跑且嚷[4]，似乎後來帶哭了.

阿Q對了牆壁跪着[5]也發楞，于是兩手扶着空板凳，慢慢的站起來，彷彿覺得有些糟．他這時確也有些忐忑[6]了，慌張的將煙管挿在褲帶上，就想去舂米．蓬的一聲[7]，頭上着了很粗的一下[8]，他急忙回轉身去，那秀才便拿了一支大竹槓站在他面前.

「你反了[9]，……你這……」

大竹槓又向他劈下來[10]了．阿Q兩手去抱頭，拍的正打在指節上，這可很有一些痛．他衝出[11]廚房門，彷彿背上又着了一下似的.

---

1) 睏覺：잠자다．＝睡覺．(→卷末)
2) 搶上去：갑자기 다가가다．「上去」는 어느 한 방향을 향해 감을 나타낸다.
3) 楞了一息：일순 놀라서 어리둥절해졌다．헉 하고 숨을 한번 들이마시다．(→卷末)
4) 且跑且嚷：달려가면서 큰 소리로 외치다．(→卷末)
5) 對了牆壁跪着：벽을 향하여 꿇어앉은 채．(→卷末)
6) 忐忑：마음이 불안정하다．가슴이 두근거리다．(→卷末)
7) 蓬的一聲：펑 하는 소리가 한번 울리다.
8) 着了很粗的一下：굵직한 것으로 한 대 얻어 맞았다．「着」[ㄓㄨㄛˊ zhuó]는 「遭難」(당하다，받다)의 뜻.
9) 你反了：너는 뻔뻔스런 짓을 했다．(→卷末)
10) 劈下來：정면에서 내려오다．「劈」은 쪼개다，나누다의 뜻.
11) 衝出：뛰어 나가다．「衝」은 어느 방향으로 힘차게 내닫는 것을 말한다.

「忘八蛋[1]！」秀才在後面用了官話[2]這樣罵.

阿Q奔入舂米場，一個人站着，還覺得指頭痛，還記得[3]「忘八蛋」，因爲這話是未莊的鄉下人從來不用，專是見過官府的闊人[4]用的，所以格外怕，而印象也格外深. 但這時，他那「女……」的思想却也沒有了. 而且打罵之後，似乎一件事也已經收束[5]，倒反覺得一無掛礙[6]似的，便動手去舂米. 舂了一會，他熱起來了，又歇了手脫衣服.

脫下衣服的時候，他聽得外面很熱鬧，阿Q生平本來最愛看熱鬧，便即[7]尋聲走出去了. 尋聲漸漸的尋到[8]趙太爺的內院裏，雖然在昏黃[9]中，却辨得出許多人[10]，趙府一家連兩日不喫飯[11]的太太也在內，還有間壁[12]的鄒七嫂[13]，眞正本家的趙白眼・趙司晨.

少奶奶正拖着吳媽走出下房[14]來，一面說：

「你到外面來，……不要躱在自己房裏想……」

「誰不知道你正經，……短見是萬萬尋不得的[15].」鄒七嫂也從旁說.

---

1) 忘八蛋：몹쓸놈. 개같은 놈，철면피. (→卷末)
2) 官話：관리의 말. (→卷末)
3) 記得：기억하고 있다. (→卷末)　「은 사람.
4) 見過官府的闊人：관청에 출입한 일이 있는 세력 있는 사람. 관청에 얼굴이 넓
5) 收束：끝나다. 끝장이 나다. 요즘은 「結束」란 말을 많이 쓴다.
6) 一無掛礙：아무것도 마음에 걸리는 것이 없다. 상쾌한 기분. 천연스러운 모양.
7) 便即：곧. 당장. 文章語이다.
8) 尋聲漸漸的尋到～：소리나는 곳을 찾아 한발 두발 ～까지 찾아가다.
9) 昏黃：석양녘이라 부근이 어둑어둑할 무렵. 저녁때.
10) 辨得出許多人：많은 사람의 모습을 분별해낼 수 있었다. (→卷末)
11) 兩日不喫飯：이틀이나 밥을 먹으려 하지 않는다. (→卷末)
12) 間壁：이웃. ＝隔壁.
13) 鄒七嫂：鄒七댁. 즉 鄒씨 집 일곱째 아들의 아내를 가리킨다. 「嫂」는 같은 또래의 부인네들에 대한 敬稱으로 쓰인다.
14) 下房：하인 등이 거처하는 방.
15) 短見是萬萬尋不得的：좁은 소견은 절대로 먹어서는 안된다. (→卷末)

吳媽只是哭，夾些話，却不甚聽得分明[1].

阿Q想:「哼， 有趣， 這小孤孀不知道鬧着什麽玩意兒了[2]?」 他想打聽， 走近趙司晨的身邊. 這時他猛然間[3]看見趙大爺向他奔來，而且手裏揑着一支大竹槓. 他看見這一支大竹槓，便猛然間悟到自已曾經被打，和這一場熱鬧似乎有點相關. 他翻身便走， 想逃回舂米場，不圖[4]這支竹槓阻了他的去路， 于是他又翻身便走， 自然而然的走出後門，不多工夫，已在土穀祠內了.

阿Q坐了一會，皮膚有些起粟[5]， 他覺得冷了，因爲雖在春季， 而夜間頗有餘寒，尙不宜于[6]赤膊. 他也記得布衫留在趙家， 但倘若去取，又深怕[7]秀才的竹槓. 然而地保進來了.

「阿Q， 你的媽媽的[8]！ 你連趙家的用人都調戲起來， 簡直是造

---

1) 不甚聽得分明：분명히 알아들을 수가 없다.「聽得不甚分明.(너무나 분명치 않게 들린다.)」이 아니므로 可能을 나타낸다.

2) 鬧着什麽玩意兒了：무슨 작난을 하고 있는가. 무슨 짓을 하고 있는가.「鬧玩意兒」은 쓸모없는 일에 소란을 피우는 것을 말한다.

3) 猛然間：돌연히. 갑자기. (→卷末)

4) 不圖：뜻밖에. 文章語이다.

5) 起粟：소름이 끼치다. 寒氣가 들 때 피부에 좁쌀이 일 듯 토돌토돌한 것이 생기는 것을 말한다.

6) 不宜于～：～하는 데 적합치 않다. 文章語. 口頭語로는「不好～」라 한다.

7) 深怕：몹시 무서워하다. =生怕·甚怕. (p.9 註⑨)

9) 你的媽媽的：짐승 같은 놈. (→卷末)

反[1]. 害得[2]我晚上沒有覺睡[3], 你的媽媽的！……」

如是云云[4]的教訓了一通, 阿Q自然沒有話. 臨末, 因爲在晚上, 應該送地保加倍酒錢四百文[5], 阿Q正沒有現錢, 便用一頂氈帽[6]做抵押[7], 並且訂定[8]了五條件:

一. 明天用紅燭[9] —— 要一斤重的 —— 一對, 香一封, 到趙府上去賠罪.

二. 趙府上請道士[10]祓除縊鬼[11], 費用由阿Q負擔[12].

三. 阿Q從此不准踏進趙府的門檻.

四. 吳媽此後倘有不測[13], 惟阿Q是問[14].

五. 阿Q不准再去索取工錢和布衫.

---

1) 造反：謀反하다. 신분도 모르고 윗사람에게 반항하다. (→卷末)
2) 害得～：괴로움을 끼쳐서 ～되다. (→卷末)
3) 晚上沒有覺睡：밤에도 잠잘 수 없다. (→卷末)
4) 如是云云：이와 같이 이러쿵저러쿵. 佛教의 語錄에서 흔히 볼 수 있는 말(如是我聞 등)이다.
5) 加倍酒錢四百文：倍額의 술값 四百文. (→卷末)
6) 氈帽：융 모자. 노동자가 쓰는 모자로, 캡 모양으로 되어 있다.
7) 做抵押：저당잡히다.
8) 訂定：約定하다. 約束을 정하다.
9) 紅燭：붉은 초. 「白燭」에 대한 말로, 祝祭나 吉事·法事에 쓴다.
10) 道士：道教의 승려. (→卷末)
11) 祓除縊鬼：목매달아 죽은 사람의 귀신을 쫓아버리다. (→卷末)
12) 由阿Q負擔：阿Q가 부담하다. (→卷末)
13) 不測：만약의 일. 뜻하지 않은 일. 口頭語로서, 「의외에」라는 뜻으로도 쓰인다.
14) 惟阿Q是問：阿Q에게 묻다. 阿Q가 책임을 지다. (→卷末)

阿Q自然答應了，可惜沒有錢．幸而已經春天，棉被可以無用，便質[1]了二千大錢，履行條約．赤膊磕頭[2]之後，居然[3]還剩幾文，他也不再贖氈帽，統統[4]喝了酒了．但趙家也並不燒香點燭[5]，因爲太太拜佛[6]的時候可以用，留着了．那破布衫是大半做了少奶奶八月間生下來的孩子的襯尿布，那小半破爛的[7]便都做了吳媽的鞋底[8]．

## 第五章　生計問題

阿Q禮畢[9]之後，仍舊回到土穀祠，太陽下去了，漸漸覺得世上有些古怪．他仔細一想[10]，終于省悟過來[11]：其原因蓋在[12]自己的赤膊．他記得破夾襖還在，便披在身上，躺倒了，待[13]張開眼睛，原來太陽又已經照在西牆上頭了．他坐起身，一面說道，「媽媽的……」

他起來之後，也仍舊在街上逛，雖然不比赤膊之有切膚之痛[14]，却

1) 質：저당잡히다.
2) 磕頭：무릎을 꿇고 머리가 땅에 닿도록 숙이는 절. 옛날에 최대의 경의를 표하는 禮로 행해졌던 것.
3) 居然：의외에도. 결과로 해서. (→卷末)
4) 統統：모두. 전부. 원래는 南方語였으나 現在는 普通話.
5) 並不燒香點燭：향을 피우거나 촛불을 켜려고도 하지 않는다. (→卷末)
6) 拜佛：부처님에 합장하고 절하다. 절에서의 佛供 때는 물론, 자기 집에서 佛壇을 향해 하는 경우 모두 해당한다.
7) 小半破爛的：다 해어진 반 쪽.「小半」은 앞의「大半」에 대하여 쓰인 것.
8) 鞋底：신의 밑바닥. (→卷末)
9) 禮畢：禮가 끝나다. 즉 謝罪式이 끝났다는 것을 말한 文章語的 표현이다.
10) 仔細一想：자세하게 생각해 보다. (→卷末)
11) 省悟過來：깨닫게 되다. 과연 그런가 하고 깨닫다. (→卷末)
12) 其原因蓋在～：그 원인은 대략 ～에 있다. (→卷末)
13) 待～：～했을 때. ＝等. 文章語.
14) 不比赤膊之有切膚之痛：옷을 벗어 상반신을 드러내놓고 있을 때처럼 살갗을 에이는 듯한 아픔 같지는 않다. (→卷末)

又漸漸的覺得世上有些古怪了．彷彿從這一天起，未莊的女人們忽然都怕了羞[1]，伊們一見阿Q走來，便個個躲進門裏去．甚而至于[2]將近五十歲[3]的鄒七嫂，也跟着別人亂鑽[4]，而且將十一歲的女兒都叫進去了．阿Q很以爲奇，而且想:「這些東西忽然都學起小姐模樣來了．這娼婦們……」

但他更覺得世上有些古怪，却是許多日以後的事．其一，酒店不肯賒欠了[5]；其二，管土穀祠的老頭子說些廢話[6]，似乎叫他走；其三，他雖然記不淸多少日，但確乎[7]有許多日，沒有一個人來叫他做短工．酒店不賒，熬着[8]也罷了；老頭子催他走，嚕囌[9]一通也就算了[10]；只是沒有人來叫他做短工，却使阿Q肚子餓：這委實[11]是一件非常「媽媽的」的事情．

阿Q忍不下去了，他只好到老主顧的家裏去探問[12]，——但獨不許[13]踏進趙府的門檻，——然而情形也異樣：一定走出一個男人來，現了

1) 怕了羞：부끄러워했다．怕羞＝害羞．
2) 甚而至于～：～조차도 ～하다．정도가 극단에 이르렀음을 나타내고，뒤에「也」와 호응해서「連～也～」를 한층 강조한 표현．
3) 將近五十歲：쉰살 가까이 되려고 한다．
4) 亂鑽：장소를 가리지 않고 몸을 숨기다．멋대로 안으로 들어가다．
5) 不肯賒欠了：외상을 주려고 하지 않게 되었다．(→卷末)
6) 說些廢話：쓸데없는 말을 하다．시시한 이야기를 하다．「些」는 몇몇 정도의 복수 개념을 나타낸다．
7) 確乎：분명히．확실히．(→卷末)
8) 熬着：꾹 참고 있다．「熬得住苦刑」이라 하면，심한 형벌을 꾹 참았다는 뜻．
9) 嚕囌：말이 많다．우물쭈물 말하다．귀찮게 말하다．
10) 算了：끝나버리다．끝이 나다．이 경우의「算」은 完結의 의미이다．
11) 委實：확실히．＝確實．
12) 探問：묻다．찾아 나서다．남에게 물어 형편을 살피다．
13) 獨不許～：～만은 허용하지 않는다．「獨」는 文章語로「只」와 같은 뜻으로 쓰인다．

十分煩厭的相貌，像回覆[1]乞丐一般的搖手道：——

「沒有沒有！ 你出去！」

阿Q愈覺得稀奇了. 他想， 這些人家向來少不了[2]要幫忙， 不至于現在忽然都無事， 這總該有些蹊蹺[3]在裏面了. 他留心打聽[4]， 纔知道他們有事都去叫小Don[5]. 這小D[6]， 是一個窮小子[7]， 又瘦又乏，在阿Q的眼睛裏，位置是在王鬍之下的，誰料這小子竟謀了他的飯碗去[8]. 所以阿Q這一氣，更與平常不同[9]，當氣憤憤的走着的時候，忽然將手一揚，唱道:

「我手執鋼鞭將你打[10]！……」

幾天之後， 他竟在錢府的照壁[11]前遇見了小D. 「讎人相見分外眼明[12]」，阿Q便迎上去，小D也站住了.

「畜生！」阿Q怒目而視的說，嘴角上飛出唾沫來.

「我是蟲豸，好麼？……」小D說.

---

1) 回覆：대답을 하다.

2) 少不了：빠뜨릴 수 없다. 없으면 끝낼 수가 없다. 반드시 ～해야 할 것은 없다. 수가 매우 많다. =短不了·免不了.

3) 蹊蹺：일이 아주 이상하게 된 것. 믿음성이 없는 것. 납득할 수 없는 것. 까닭. 이유. 「蹺蹊」라고 뒤집어 써도 된다.

4) 打聽：알아보다. 묻다. 들어보다.

5) 小Don：Don은 「同」字의 表音. (→卷末)

6) 小D：물론 小 Don을 줄여서 쓴 말이겠으나, 「小D」의 발음은 「小弟」와 같다. 이 경우 「小弟」는 꼬마라는 뜻이다.

7) 窮小子：가난뱅이 놈. 「小子」은 우리말의 「새끼」에 해당하는 욕이다.

8) 謀了他的飯碗去：그의 밥줄을 떼어버렸다. 그의 직업을 빼앗다. 「謀」는 어떤 방법을 생각해내어 했다는 뜻이다.

9) 與平常不同：보통때와 다르다. (→卷末)

10) 我手執鋼鞭將你打：손에 쇠채찍을 잡고 너를 때려 주리라. (→卷末)

11) 照壁：문 있는 데에 멋을 부리기 위해 또는 밖에서 들여다보이지 않게 가리기 위해 만든 벽. =照牆.

12) 讎人相見分外眼明：원수끼리 마주치면 눈동자가 유독 빛난다. 원수는 멀리서도 한 눈에 알아본다. 격언으로 「不是寃家不聚頭」와 같은 말이다.

這謙遜反使阿Q更加憤怒起來，但他手裏沒有鋼鞭，于是只得撲上去[1]，伸手去拔[2]小D的辮子．小D一手護住了自己的辮根，一手也來拔阿Q的辮子，阿Q便也將空着的一隻手[3]護住了自己的辮根．從先前的阿Q看來，小D本來是不足齒數[4]的，但他近來挨了餓，又瘦又乏已經不下于[5]小D，所以便成了勢均力敵[6]的現象，四隻手拔着兩顆頭，都彎了腰，在錢家粉牆上映出一個藍色的虹形[7]，至于半點鐘之久了．

「好了，好了[8]！」看的人們說，大約是解勸的．

「好，好[9]！」看的人們說，不知道是解勸，是頌揚，還是煽動．

然而他們都不聽．阿Q進三步，小D便退三步，都站着；小D進三步，阿Q便退三步，又都站着．大約半點鐘，——未莊少有自鳴鐘[10]，所以很難說，或者二十分，——他們的頭髮裏便都冒煙[11]，額上便都流汗，阿Q的手放鬆了[12]，在同一瞬間，小D的手也正放鬆了，同時直起，同時退開[13]，都擠出人叢去．

---

1) 撲上去：뛰어들다．(→卷末)
2) 拔：뽑다．손에 잡고 끌어당기다．
3) 將空着的一隻手：비어 있는 한쪽 손으로．(→卷末)
4) 不足齒數：축에 끼지 못하다．물건의 수에 들지도 못하다．문제삼기에는 부족하다．＝不足掛齒．(→卷末)
5) 不下于～：～보다 못하지 않다．～이상이다．
6) 勢均力敵：힘이 伯仲한 상태에 있다．힘에 우열이 없다．
7) 藍色的虹形：남빛 무지개．(→卷末)
8) 好了，好了！：이제 됐다 됐어！ 이젠 그만두라는 어감을 갖고 있다．(→卷末)
9) 好，好！：좋아 좋아！ (→卷末)
10) 少有自鳴鐘：자명종이 거의 없다．「自鳴鐘」은 소리를 울려 때를 알리는 시계로，당시에는 책상에 올려놓는 大型의 것이었다．
11) 冒煙：김이 솟아오르다．
12) 放鬆了：놓아 느슨해졌다．
13) 退開：뒤로 물러나다．「開」는 장소의 이동 또는 노출의 의미를 나타내는 補語．

「記着罷，媽媽的……」阿Q叵過頭去說[1].

「媽媽的，記着罷……」小D也囘過頭來說.

這一場「龍虎鬪[2]」似乎並無勝敗，也不知道看的人可滿足[3]，都沒有發什麼議論[4]，而阿Q却仍然沒有人來叫他做短工.

有一日很溫和，微風拂拂的頗有些夏意[5]了，阿Q却覺得寒冷起來，但這還可擔當[6]，第一倒是肚子餓．棉被・氈帽・布衫，早已沒有了，其次就賣了棉襖；現在有褲子，却萬不可脫的；有破夾襖，又除了送人做鞋底之外，決定賣不出錢[7]．他早想在路上拾得一注錢[8]，但至今還沒有見；他想在自己的破屋裏忽然尋到一注錢，慌張的四顧，但屋內是空虛而且了然[9]．于是他決計出門求食[10]去了.

他在路上走着要「求食」，看見熟識的酒店，看見熟識的饅頭[5]，但他都走過了，不但沒有暫停，而且並不想要．他所求的不是這類東西了；他求的是什麼東西，他自己不知道.

未莊本不是大村鎭[6]，不多時便走盡了．村外多是水田，滿眼是新

1) 回過頭去說：머리를 돌려 말했다. (→卷末)

2)「龍虎鬪」：紹興地方에서 유행하던 한 地方劇의 제목. (p.36 註⑩) (→卷末)

3) 看的人可滿足：구경꾼이 만족했는지 어떤지. (→卷末)

4) 沒有發什麼議論：아무 의문도 내놓지 않았다. 아무런 말도 따로 꺼내지 않았다.

5) 微風拂拂的頗有些夏意：미풍이 산들산들 불어 제법 여름 기분이 들었다.「拂拂的」는 미풍이 가볍게 부는 모양.

6) 擔當：참다. 견디다. 이 말의 원 뜻은 책임을 지고 맡는다는 말이다.

7) 決定賣不出錢：팔아도 반드시 돈이 되지 않는다.「決定」은 반드시,「一定」과 같다.

8) 一注錢：한 무더기의 돈.「注」는 보통 도박에 거는 한 몫의 돈을 헤아릴 때 쓰이는 量詞.

9) 了然：명료하다. 아무것도 없으므로 一目瞭然하다는 것이다.

10) 求食：먹을 것을 찾다. 먹이를 얻으려고 하다. (→卷末)

11) 熟識的饅頭：낯익은 만두. (→卷末)

12) 村鎭：비교적 큰 마을. (→卷末)

秧的嫩綠，夾着幾個圓形的活動的黑點，便是耕田[1)]的農夫．阿Q並不賞鑑這田家樂[2)]，却只是走，因爲他直覺的知道與他的「求食」之道是很遼遠的．但他終于走到靜修菴的牆外了[3)]．

菴周圍也是水田，粉牆突出在新綠裏，後面的低土牆裏是菜園．阿Q遲疑了一會，四面一看，並沒有人．他爬上這矮牆去，扯着何首烏[4)]藤，但泥土仍然簌簌的掉，阿Q的脚也索索的抖；終于攀着桑樹枝[5)]，跳到裏面了．裏面眞是鬱鬱葱葱[6)]，但似乎並沒有黃酒饅頭，以及此外可喫的之類．靠西牆是竹叢，下面許多筍，只可惜都是並未煮熟的，還有油菜早經結子，芥菜[7)]已將開花，小白菜[8)]也很老了[9)]．

阿Q彷佛文童落第似的覺得很寃屈[10)]，他慢慢走近園門去，忽而非常驚喜了，這分明是一畦老蘿蔔[11)]．他于是蹲下便拔，而門口突然伸

1) 耕田：논밭을 갈다．(→卷末)
2) 田家樂：농가의 즐거움．농촌의 안온한 풍경．(→卷末)
3) 終于走到靜修菴的牆外了：드디어 靜修菴의 담장 밖까지 걸어오게 되었다．(→卷末)
4) 何首烏：새박뿌리．(→卷末)
5) 攀着桑樹枝：뽕나무 가지를 붙들고 올라가다．(→卷末)
6) 鬱鬱葱葱：전체가 무성한 모양．
7) 芥菜：갓．
8) 小白菜：풋배추．잎사귀가 여러 겹으로 겹쳐 둥글게 結球되기 이전의 배추．
9) 老了：굳어버리다．채소 같은 것이 쇠어버렸다든지，고기 같은 것을 너무 익혀 버린 것을 말한다．「嫩」의 반대말．
10) 寃屈：억울하다．
11) 一畦老蘿蔔：장다리가 핀 한 두둑 밭의 무우．

出一個很圓的頭來, 又即[1]縮回去了, 這分明是小尼姑. 小尼姑之流是阿Q本來視若草芥[2]的, 但世事須「退一步想」, 所以他便趕緊拔起四個蘿蔔, 擰下青葉[3], 兜在大襟裏[4]. 然而老尼姑已經出來了.

「阿彌陀佛, 阿Q, 你怎麼跳進園裏來偷蘿蔔! ……阿呀, 罪過呵, 阿唷, 阿彌陀佛! ……」

「我什麼時候跳進你的園裏來偷蘿蔔?」阿Q且看且走的說.

「現在……這不是?」老尼姑指着他的衣兜[5].

「這是你的? 你能叫得他答應[6]你麼? 你……」

阿Q沒有說完話, 拔步便跑[7]; 追來的是一匹很肥大的黑狗. 這本來在前門的, 不知怎的[8]到後園來了. 黑狗哼而且追, 已經要咬着阿Q的腿, 幸而從衣兜裏落下一個蘿蔔來, 那狗給一嚇[9], 略略一停,

---

1) 又即 : 즉시.
2) 視若草芥 : 초개같이 여기다. 티끌이나 먼지같이 보이다. =視如土芥.
3) 擰下青葉 : 푸른 잎사귀를 비틀어 뜯다.
4) 兜在大襟裏 : 웃저고리 옷섶에다 싸서넣다. 상의 옷자락을 바깥으로 돌려 단추가 달려 있는 부분에 감아서 싼다는 뜻이다.
5) 衣兜 : 의복의 호주머니. 여기서는 옷섶을 호주머니로 임시 변통해 쓴 것을 가리킨다.
6) 你能叫得他答應你麼 : 당신이 그것(무우)더러 당신의 것이라고 대답시킬 수 있소? (→卷末)
7) 拔步便跑 : 벼란간 뛰어가다. (→卷末)
8) 不知怎的 : 무엇 때문인지. 왠 일인지. (→卷末)
9) 給一嚇 : 깜짝 놀라다. 「給」는 피동을 나타낸다.

阿Q已經爬上桑樹，跨到土牆，連人和蘿蔔都[1]滾出牆外面了．只剩着黑狗還在對着桑樹嗥，老尼姑念着佛．

阿Q怕尼姑又放出黑狗來，拾起蘿蔔便走，沿路又檢[2]了幾塊小石頭，但黑狗却並不再出現．阿Q于是抛了石塊，一面走一面喫，而且想道，這裏也沒有什麼東西尋，不如進城去……

待三個蘿蔔喫完時，他已經打定了進城的主意[3]了．

## 第六章　從中興到末路

在未莊再看見阿Q出現的時候，是剛過了這年的中秋．人們都驚異，說是阿Q回來了，于是又回上去想[4]道，他先前那裏去了呢？阿Q前幾回的上城，大抵早就興高采烈的對人說，但這一次却並不，所以也沒有一個人留心到．他或者也曾告訴過管土穀祠的老頭子，然而未莊老例，只有趙太爺·錢太爺和秀才大爺上城纔算一件事[5]．假洋鬼子尚且不足數，何况[6]是阿Q：因此老頭子也就不替他宣傳，而未莊的社會上也就無從知道[7]了．

但阿Q這回的回來，却與先前大不同，確乎很值得驚異．天色將

1) 連人和蘿蔔都～：사람(阿Q)과 무우가 다 같이．(→卷末)
2) 檢：줍다．원래는「撿」이다．
3) 打定了～主意：～라고 하는 생각을 정했다．
4) 回上去想：돌이켜 생각하다．지난 일을 더듬어 생각하다．「～上去」는 어느 時點에서 거슬러올라감을 나타낸다．
5) 只有～纔算一件事：다만 ～만이 하나의 일이라 치게 되다．～밖에는 문제가 되지 않는다．「算」은「認做」의 뜻이다．
6) ～尚且～，何况～：～조차 ～인데 하물며 ～에 이르러서는．
7) 無從知道：알 길이 없다．「無從」은「沒法～(～할 방법이 없다)」와 같다．

黑[1]，他睡眼朦朧的[2]在酒店門前出現了，他走近櫃臺，從腰間伸出手來，滿把是銀的和銅的[3]，在櫃上一扔說，「現錢！ 打酒來！」 穿的是新夾襖，看去腰間還掛着一個大搭連[4]，沈鈿鈿[5]的將褲帶墜成了很彎很彎的弧線[6]. 未莊老例，看見略有些醒目[7]的人物，是與其慢也寧敬的[8]，現在雖然明知道是阿Q，但因爲和破夾襖的阿Q有些兩樣了[9]，古人云，「士別三日便當刮目相待[10]」，所以堂倌[11]・掌櫃[12]・酒客・路人，便自然顯出一種疑而且敬[13]的形態[14]來. 掌櫃旣先之以點頭， 又繼之以談話[15]：

「嚄，阿Q，你回來了！」

「回來了.」

「發財發財[16]，你是——在……」

「上城去了！」

---

1) 天色將黑：날이 저물어가다. 저물 무렵.
2) 睡眼朦朧的：졸린 듯 침침한 눈으로.
3) 滿把是銀的和銅的：손 가득히 쥐고 있는 것은 은화와 동화이다.「把」는 한 줌을 나타내는 量詞.
4) 搭連：구식 돈지갑, ＝褡連. (→卷末)
5) 沈鈿鈿：묵직하다. 물건이 무거운 모양.
6) 墜成了～弧線：밑으로 늘어져 弧線을 그렸다.
7) 醒目：남의 눈을 끌다. 눈에 띄다.
8) 與其慢也寧敬的：소홀히 다루기보다는 차라리 존경해 두는 것이다. (→卷末)
9) 和～有些兩樣了：～와는 약간 다르다.「兩樣」은「一樣(같다)」과 비교되는 말.
10) 士別三日便當刮目相待：선비란 헤어져 사흘이면 눈을 비비고 보아야 한다. 선비란 사흘만 못만나도 새로운 눈으로 맞이해야 한다. (→卷末)
11) 堂倌：음식점・찻집의 보이. 南方語(→卷末).
12) 掌櫃：구식 상점의 지배인. 상점의 돈을 관리하고 사무를 주관하는 사람. (→卷末)
13) 疑而且敬：의아해 하면서도 경의를 표하다.「又疑惑又敬重」의 뜻.
14) 形態：태도. 정경. 모습.
15) 旣先之以點頭，又繼之以談話：먼저 수긍하고 계속하여 이야기에 들어왔다. (→卷末)
16) 發財發財：돈 벌었군. 잘 됐군. 인삿말로 흔히 쓰이는 말.

這一件新聞，第二天便傳遍了全未莊．人人都願意知道現錢和新夾襖的阿Q[1]的中興史，所以在酒店裏，茶館裏，廟簷[2]下，便漸漸的探聽出來[3]了．這結果，是阿Q得了新敬畏．

據阿Q說，他是在擧人老爺家裏幫忙．這一節，聽的人都肅然[4]了．這老爺本姓白，但因爲合城裏[5]只有他一個擧人，所以不必再冠姓[6]，說起擧人來就是他．這也不獨在未莊是如此，便是一百里方圓之內也[7]都如此，人們幾乎多以爲他的姓名就叫擧人老爺的了．在這人的府上幫忙，那當然是可敬的．但據阿Q又說，他却不高興再幫忙了，因爲這擧人老爺實在太「媽媽的」了．這一節，聽的人都嘆息而且快意，因爲阿Q本不配在擧人老爺家裏幫忙，而不幫忙是可惜的．

據阿Q說，他的回來，似乎也由于[8]不滿意城裏人，這就在[9]他們將長凳稱爲條凳，而且煎魚用葱絲，加以最近觀察所得的缺點，是女人的走路也扭得[10]不很好．然而也偶有大可佩服的地方，即如[11]未莊的鄕下人不過打三十二張的竹牌[12]，只有假洋鬼子能夠叉[13]「麻醬[14]」，城

1) 現錢和新夾襖的阿Q：현금과 새 겹옷을 입은 阿Q.
2) 廟簷：廟堂의 처마.
3) 探聽出來：수소문하다. 비밀을 찾아 알아내다.
4) 肅然：고요하고 엄숙한 모양. 삼가고 어려워하는 모양.
5) 合城裏：온 읍내에. 「合」가 「全」과 같은 뜻으로 쓰인 것이다.
6) 冠姓：성을 위에 붙이다. 즉 「白擧人」이라 하다. (→卷末)
7) 不獨～便～也～：～뿐만 아니라, ～하여도 또 ～하다.
8) 由于～：～때문이다. ～인 까닭이다.
9) 這就在～：결국 ～에 있었다.
10) 扭得：걸을 때 몸을 꼬다. 흔들다.
11) 即如：예를 들면. 文章語.
12) 竹牌：도박 도구의 일종. (→卷末)
13) 叉：(마작을) 하다. (→卷末)
14) 麻醬：「麻雀」 또는 「麻將」이라고 하는 것이 옳다. (→卷末)

裏却連小烏龜子[1]都叉得精熟的. 什麼假洋鬼子, 只要放在城裏的十幾歲的小烏龜子的手裏, 也就立刻是「小鬼見閻王[2]」. 這一節, 聽的人都赧然[3]了.

「你們可看見過[4]殺頭麼?」阿Q說,「咳, 好看[5]. 殺革命黨. 唉, 好看好看, ……」, 他搖搖頭, 將唾沫飛在正對面的趙司晨的臉上. 這一節, 聽的人都凜然[6]了. 但阿Q又四面一看, 忽然揚起右手, 照着伸長頸子聽得出神的王鬍的後項窩上直劈下去道:

「嚓!」

王鬍驚得一跳, 同時電光石火似的趕快縮了頭, 而聽的人又都悚然[7]而且欣然了. 從此王鬍瘟頭瘟腦的[8]許多日, 並且再不敢走近阿Q的身邊; 別的人也一樣.

阿Q這時在未莊人眼睛裏的地位, 雖不敢說超過趙太爺, 但謂之差不多[9], 大約也就沒有什麼語病的了.

然而不多久[10], 這阿Q的大名忽又傳遍了未莊的閨中[11]. 雖然未莊只有錢·趙兩姓是大屋, 此外十之九都是淺閨[12], 但閨中究竟是閨中,

---

1) 小烏龜子: 조무래기. (→卷末)
2) 小鬼見閻王: 염라대왕 앞에 선 하찮은 귀신. 도저히 상대가 되지 않는다는 속담.
3) 赧然: 부끄러워 얼굴을 붉히는 모양.
4) 你們可看見過~: 너희들 ~를 본 적이 있나? (→卷末)
5) 好看: 볼 만하다. (→卷末)
6) 凜然: 으시시하다. 畏敬의 마음을 갖는 모양.
7) 悚然: 오싹 하는 모양. 기분 나쁘고 무서운 생각이 드는 모양.
8) 瘟頭瘟腦的: 머리가 흐려지고 멍청한 모양.
9) 謂之差不多: 거의 같다고 말해도. =就說差不多.
10) 然而不多久: 이와 같이 하여 곧. 여기서의 「然而」은 逆接 접속사(그러나)가 아니다.
11) 閨中: 안방. 부인네들이 거처하는 방. 여기서는 부인네들을 가리키는 말이다.
12) 淺閨: 일반 가정의 부인네들이 거처하는 방. (→卷末)

所以也算得一件神異[1]. 女人們見面時一定說, 鄒七嫂在阿Q那裏買了一條藍綢裙[2], 舊固然是舊的, 但只化了九角錢. 還有趙白眼的母親——一說是趙司晨的母親, 待考[3], ——也買了一件孩子穿的大紅[4]洋紗衫[5], 七成新, 只用三百大錢九二串[6]. 于是伊們都眼巴巴的[7]想見阿Q, 缺綢裙[8]的想問他買[9]綢裙, 要洋紗衫的想問他買洋紗衫, 不但見了不逃避, 有時阿Q已經走過了, 也還要追上去叫住他, 問道:

「阿Q, 你還有綢裙麼? 沒有? 紗衫也要的, 有罷?」

後來這終于從淺閨傳進深閨裏去了[10]. 因爲鄒七嫂得意之餘, 將伊的綢裙請趙太太去鑑賞[11], 趙太太又告訴了趙太爺而且着實恭維了一番[12]. 趙太爺便在晚飯桌上, 和秀才大爺討論, 以爲阿Q實在有些古怪, 我們門窗應該小心些; 但他的東西, 不知道可還有什麼可買, 也許有點好東西罷. 加以趙太太也正想買一件價廉物美[13]的皮背心. 于是家族決議, 便託鄒七嫂即刻去尋阿Q, 而且爲此新闢了第三種的例外[14]: 這晚上也姑且特准點油燈[15].

---

1) 神異 : 기적적인 것. 이상한 것. (→卷末)
2) 藍綢裙 : 남색 비단 치마. (→卷末)
3) 待考 : 고증을 기다리다. (→卷末)
4) 大紅 : 새빨간. =眞紅·深紅.
5) 洋紗衫 : 양사 저고리. (→卷末)　「卷末)
6) 三百大錢九二串 : 92文 한 꾸러미를 100文으로 친 300文. 결국 276文이 된다. (→
7) 眼巴巴的 : 간절히 바라는 모양. 동경하는 모양. 애타게 기다리는 모양.
8) 缺綢裙 : 비단 치마를 안가지고 있다.
9) 問他買 : 그에게서 사다. (→卷末)　「구석 진해져 갔다.
10) 從淺閨傳進深閨裏去了 : 서민의 부인네들 방에서 부잣집 부인네들 방까지 구석
11) 鑑賞 : 감상하다. 여기서는 「보아 주십시오」 하는 정도.
12) 恭維了一番 : 아첨하여 칭찬하다. (→卷末)
13) 價廉物美 : 값이 싸고 물건이 좋다. (→卷末)
14) 新闢了～例外 : 새로히 ～한 예외를 만들었다. (→卷末)
15) 油燈 : 콩기름 같은 것을 쓰는 등. 石油를 쓰는 램프는 「煤油燈」이라고 한다.

油燈乾了不少了， 阿Q還不到. 趙府的全眷都很焦急，打着呵欠[1]，或恨阿Q太飄忽[2]， 或怨鄒七嫂不上緊[3]. 趙太太還怕他因爲春天的條件[4]不敢來， 而趙太爺以爲不足慮； 因爲這是「我」去叫他的. 果然， 到底趙太爺有見識[5]， 阿Q終于跟着鄒七嫂進來了.

「他只說沒有沒有， 我說你自己當面說去，他還要說，我說……」鄒七嫂氣喘吁吁的走着說.

「太爺！」阿Q似笑非笑的叫了一聲，在簷下站住了.

「阿Q，聽說你在外面發財，」趙太爺踱開去[6]，眼睛打量[7]着他的全身，一面說.「那很好，那很好的. 這個，……聽說你有些舊東西，……可以都拿來看一看[8]，……這也並不是別的，因爲我倒要……」

「我對鄒七嫂說過了. 都完了.」

「完了？」趙太爺不覺失聲[9]的說，「那裏會完得這樣快呢？」

「那是朋友的，本來不多. 他們買了些，……」

---

1) 打呵欠：하품하다.
2) 飄忽：바람에 가볍게 날리는 모양. 침착하지 못하다. 방자하다.
3) 不上緊：있는 힘을 다해 정성을 들이지 않다.
4) 春天的條件：봄에 정한 조건. (→卷末)
5) 到底趙太爺有見識：과연 趙영감은 견식이 있었다. 과연 趙영감의 눈은 잘못 봄이 없었다.
6) 踱開去：천천히 걸어서 그 자리를 떠나가다. (→卷末)
7) 打量：헤아려 보다. 무엇인가를 찾아내기 위해 주의해 보다.
8) 拿來看一看：가져와 보여라. (→卷末)
9) 失聲：무심코 소리를 내다. 자기도 모르게 소리를 내다.

「總該還有一點罷.」

「現在, 只剩了一張門幕[1]了.」

「就拿門幕[2]來看看罷.」趙太太慌忙說.

「那麼, 明天拿來就是[3],」趙太爺却不甚熱心了.「阿Q, 你以後有什麼東西的時候, 你儘先[4]送來給我們看[5], ……」

「價錢決不會比別家出得少!」秀才說. 秀才娘子忙一瞥阿Q的臉, 看他感動了沒有.

「我要一件皮背心.」趙太太說.

阿Q雖然答應, 却懶洋洋的出去了, 也不知道他是否放在心上[6]. 這使趙太爺很失望, 氣忿而且擔心, 至于停止了打呵欠. 秀才對于阿Q的態度也很不平, 于是說, 這忘八蛋要提防[7], 或者竟不如[8]吩咐地保, 不許他住在未莊. 但趙太爺以爲不然, 說這也怕要結怨, 况且做這路生意的大概是「老鷹不喫窠下食[9]」, 本村倒不必擔心的; 只要自己夜裏警醒點就是了[10]. 秀才聽了這「庭訓[11]」, 非常之[12]以爲然, 便即刻撤消[13]了驅逐阿Q的提議, 而且叮囑鄒七嫂, 請伊萬不要向人提起這

1) 門幕 : 도어 커어튼.
2) 就拿門幕～ : 그렇다면 門幕을～. 就는 「那麼就～」이다.
3) 明天拿來就是 : 내일 가져오면 된다. (→卷末)
4) 儘先 : 맨먼저.
5) 送來給我們看 : 내 집에 가지고 와서 보이다. (→卷末)
6) 是否放在心上 : 마음에 결정을 내렸는지? (→卷末)
7) 提防 : 조심하다.
8) 竟不如～ : 결국 ～의 편이 좋다. 역시 ～하는 편이 낫다.
9) 老鷹不喫窠下食 : 매는 둥지 밑의 먹이는 먹지 않는다. (→卷末)
10) 只要自己夜裏警醒點就是了 : 스스로 밤에 경계를 좀 하기만 하면 된다.
11) 庭訓 : 아버지의 가르침. (→卷末)
12) 非常之 : 대단히. (→卷末)
13) 撤消 : 철회하다. 취소하다.

一段話.

但第二日, 鄒七嫂便將那藍裙去染了皂[1], 又將阿Q可疑之點傳揚出去[2]了, 可是確沒有提起秀才要驅逐他這一節. 然而這已經于阿Q很不利. 最先, 地保尋上門[3]了, 取了他的門幕去, 阿Q說是趙太太要看的, 而地保也不還, 並且要議定每月的孝敬錢[4]. 其次, 是村人對于他的敬畏忽而變相[5]了, 雖然還不敢來放肆[6], 却很有遠避[7]的神情, 而這神情和先前的防他來「嚓[8]」的時候又不同, 頗混着「敬而遠之」的分子了[9].

只有一班閒人們[10]却還要尋根究底[11]的去探阿Q的底細[12]. 阿Q也並不諱飾[13], 傲然的[14]說出他的經驗來. 從此他們纔知道, 他不過是一個小脚色[15], 不但不能上牆[16], 並且不能進洞[17], 只站在洞外接東西.

---

1) 將那藍裙去染了皂 : ⓐ 그 남색 치마를 가지고 가서 검게 물들였다. ⓑ 그 남색 치마를 검게 물들였다. (→卷末)
2) 傳揚出去 : 많은 사람들에게 퍼뜨리다. (→卷末)
3) 尋上門 : 집에까지 물어서 찾아오다. =找上門. 「尋」은 南方語.
4) 孝敬錢 : 입막음돈. 겉으로 내지 않고 내밀하게 처리하는 돈. 「孝敬」은 윗사람에게 물건을 바치는 것.
5) 變相 : 상태가 변하다.
6) 不敢來放肆 : (마을 사람 편에서 자진하여) 무례한 짓을 할 용기는 없다. (→卷末)
7) 遠避 : 멀리 피하다. 피하다. (→卷末)
8) 防他來「嚓」: 그가 「嚓」함을 막다. (→卷末)
9) 頗混着「敬而遠之」的分子了 : 경원해야 할 요소가 상당히 섞여 있게 되었다. (→卷末)
10) 一班閒人們 : 일부 한가한 사람들. (→卷末)
11) 尋根究底 : 꼬치꼬치 캐묻다. 꼬치꼬치 조사하다. =尋根問底.
12) 底細 : 진상. 숨겨져 있는 경위.
13) 諱飾 : 감싸서 숨겨놓고 표면을 가장하다.
14) 傲然的 : 뽐내듯이. 자랑스럽게.
15) 小脚色 : 端役. 助演.
16) 上牆 : 담에 오르다. (→卷末)
17) 進洞 : 구멍으로 들어가다. (→卷末)

有一夜，他剛纔接到一個包，正手[1]再進去，不一會，只聽得裏面大嚷起來，他便趕緊跑，連夜爬出城[2]，逃回未莊來了，從此不敢再去做．然而這故事却于阿Q更不利，村人對于阿Q的「敬而遠之」者，本因爲[3]怕結怨，誰料他不過是一個不敢再偸的偸兒[4]呢？這實在是「斯亦不足畏也矣[5]」．

# 第七章　革　　命

宣統三年九月十四日[6] ——即阿Q將搭連賣給趙白眼的這一天——三更四點[7]，有一隻大烏篷船[8]到了趙府上的河埠頭．這船從黑魆魆[9]中蕩來[10]，鄉下人睡得熟，都沒有知道；出去時將近黎明，却很有幾

---

1) 正手：主役．「副手」에 상대되는 말로，중요한 일을 맡아 하는 사람을 가리킨다．
2) 爬出城：쫓기듯이 시내에서 나가다．
3) ～者，本因爲～：～한 것은 원래부터 ～였기 때문이다．
4) 不敢再偸的偸兒：이미 두번 다시 훔칠 용기가 없는 좀도둑．
5) 斯亦不足畏也矣：이 역시 두려워할 만하지 못하다．이는 역시 두려워할 것이 없다．(→卷末)
6) 宣統三年九月十四日：이 날은 서기 1911년 11월 4일(양력)에 해당하며，辛亥革命 武昌蜂起(10月 10日) 후 25일 되는 날이다．(→卷末)
7) 三更四點：한밤중．(→卷末)
8) 烏篷船：검은 뜸을 씌운 배．(→卷末)
9) 黑魆魆：아주 캄캄한 밤의 모양．
10) 蕩來：물결쳐 오다．「蕩」에는 搖動의 의미가 있다．

個[1]看見的了．據探頭探腦[2]的調查來的結果，知道那竟是擧人老爺的船！

那船便將大不安載給了未莊，不到正午，全村的人心就很搖動．船的使命，趙家本來是很秘密的，但茶坊酒肆裏却都說，革命黨要進城，擧人老爺到我們鄉下來逃難了．惟有鄒七嫂不以爲然，說那不過是幾口破衣箱，擧人老爺想來寄存的，却已被趙太爺回覆轉去[3]．其實擧人老爺和趙秀才素不相能[4]，在理[5]本不能有「共患難[6]」的情誼，況且鄒七嫂又和趙家是鄰居，見聞較爲切近[7]，所以大概該是伊對的．

然而謠言很旺盛，說擧人老爺雖然似乎沒有親到[8]，却有一封長信，和趙家排了「轉折親[9]」．趙太爺肚裏一輪[10]，覺得于他總不會有壞處，便將箱子留下了，現就塞在太太的牀底下．至于革命黨，有的說是便在這一夜進了城，個個白盔白甲：穿着崇正皇帝的素[11]．

阿Q的耳朶裏，本來早聽到過革命黨這一句話，今年又親眼見過殺掉革命黨．但他有一種不知從那裏來的意見，以爲革命黨便是造反，造反便是與他爲難[12]，所以一向是「深惡而痛絕之」的．殊不料[13]這却

---

1) 很有幾個～：(몇 사람인지 모르지만) 상당수의 사람이～.
2) 探頭探腦：은밀히 찾으려고 하는 모양.
3) 回覆轉去：대답해 돌려보내다. (→卷末)
4) 素不相能：평소부터 기질이 맞지 않다. 원래 사이가 나쁘다.
5) 在理：이치상. ＝據理說.
6) 共患難：환난을 같이하다.
7) 見聞較爲切近：보고 듣는 것이 남보다 가깝다. (→卷末)
8) 沒有親到：직접 오지 않았다. ＝沒有親自到.
9) 排了「轉折親」：「먼 친척」에 해당하는 그 관계를 헤아려 보다. (→卷末)
10) 肚裏一輪：뱃속으로 대강 생각해 보다. (→卷末)
11) 穿着崇正皇帝的素：崇正皇帝의 喪服을 입고 있다. 崇正皇帝의 喪에 服을 입고 있다. (→卷末)

使百里聞名的擧人老爺有這樣怕，于是他未免也有些「神往[1]」了，況且未莊的一羣鳥男女[2]的慌張的神情，也使阿Q更快意．

「革命也好罷，」阿Q想，「革這夥媽媽的的命[3]，太可惡！太可恨！……便是我，也要投降革命黨了．」

阿Q近來用度窘[4]，大約略略有些不平；加以午間喝了兩碗空肚酒，愈加醉得快，一面想一面走，便又飄飄然起來．不知怎麼一來[5]，忽而[6]似乎革命黨便是自己．未莊人却都是他的俘虜了．他得意之餘，禁不住[7]大聲的嚷道：

「造反了！造反了！」

未莊人都用了驚懼的眼光對他看．這一種可憐的眼光，是阿Q從來沒有見過的，一見之下，又使他舒服得如六月裏喝了雪水[8]．他更加高興的走而且喊道：

「好，……我要什麼就是什麼，我歡喜誰就是誰[9]．

得得[10]，鏘鏘[11]！

---

12) 與他爲難：그로서는 입장이 난처하다.
13) 殊不料：실로 의외의 일이다. (→卷末)
1) 神往：기분이 끌려 억제할 수가 없다. 황홀해지다.
2) 鳥男女：쓸모 없는 놈. (→卷末)
3) 革這夥媽媽的的命：이 짐승 같은 놈들의 목숨을 끊어 주겠다. (→卷末)
4) 用度窘：경제적으로 생활이 옹색하다. 수중의 씀씀이가 여의치 못하다. 用度는 日常의 지출을 말한다.
5) 不知怎麼一來：무엇 때문인지 모르지만. 어떻게 되었는지 모르지만. (→卷末)
6) 忽而：갑자기. 곧.
7) 禁不住：모르는 사이에. 무심코.
8) 雪水：눈 녹은 물.
9) 我要什麼就是什麼，我歡喜誰就是誰：내가 갖고 싶은 것은 무엇이든지 있고 내가 좋아하는 사람(여자)은 누구든지 있다. 즉 무엇이든지 내가 원하는 대로이고 누구든지 내 마음대로이다.
10) 得得：큰북 소리.
11) 鏘鏘：징(銅鑼) 소리.

悔不該，酒醉錯斬了鄭賢弟[1]，

悔不該，呀呀呀……

得得，鏘鏘，得，鏘令鏘[2]！

我手執鋼鞭將你打……」

趙府上的兩位男人[3]和兩個眞本家[4]，也正站在大門口論革命，阿Q沒有見，昂了頭直唱過去[5].

「得得，……」

「老Q[6]，」趙太爺怯怯的[7]迎着低聲的叫.

「鏘鏘，」阿Q料不到他的名字會和「老」字聯結起來，以爲是一句別的話，與己無干[8]，只是唱.「得，鏘，鏘令鏘，鏘！」

「老Q.」

「悔不該……」

「阿Q！」秀才只得直呼其名[9]了.

阿Q這纔站住，歪着頭問道，「什麼？」

「老Q，……現在……」趙太爺却又沒有話，「現在……發財麼？」

「發財？ 自然. 要什麼就是什麼……」

---

1) 悔不該，酒醉錯斬了鄭賢弟：후회해도 소용없고 술에 취하여 鄭賢弟를 잘못 斬했다.（→卷末）
2) 鏘令鏘：동라의 소리.（→卷末）
3) 趙府上的兩位男人：趙씨 댁의 두 남자분.（→卷末）
4) 眞本家：진짜 一家친척.（→卷末）
5) 唱過去：노래를 부르면서 지나갔다. ＝唱着過去.（→卷末）
6) 老Q：Q군.（→卷末）
7) 怯怯的：겁을 내어 벌벌 떨면서. 겁에 질려 조심조심.
8) 與己無干：자기와 관계가 없다. ＝跟自己沒有關係.
9) 直呼其名：직접 그 이름을 부르다. 그 사람의 이름을 존대말을 쓰지 않고 부르다.

「阿……Q哥，像我們這樣窮朋友是不要緊的……」趙白眼惴惴的[1]說，似乎想探革命黨的口風[2].

「窮朋友？你總比我有錢.」阿Q說着自去了[3].

大家都憮然[4]，沒有話．趙太爺父子回家，晚上商量到點燈[5]．趙白眼回家，便從腰間扯下搭連來，交給他女人藏在箱底裏.

阿Q飄飄然的飛了一通，回到土穀祠，酒已經醒透[6]了．這晚上，管祠的老頭子也意外的和氣，請他喝茶；阿Q便向他要了兩個餅[7]，喫完之後，又要了一支點過的四兩燭[8]和一個樹燭臺，點起來，獨自[9]躺在自己的小屋裏．他說不出的新鮮而且高興，燭火像元夜似的閃閃的跳[10]，他的思想[11]也迸跳[12]起來了：——

「造反？有趣，……來了一陣白盔白甲的革命黨[13]，都拿着板刀[14]・鋼鞭，炸彈，洋礮[15]・三尖兩刃刀[16]・鉤鐮鎗[17]，走過土穀祠，叫道,

---

1) 惴惴的：불안스럽게. 벌벌 떨면서.
2) 探～口風：～의 심중을 살피다. ～의 속셈을 떠보다.
3) 說着自去了：말하면서 그냥 가버렸다. (→卷末)
4) 憮然：실망한 모양. 넋이 나간 모양. 기운 없는 모양.
5) 商量到點燈：등불을 켜야 할 저녁 때까지 의논했다. =商量到點燈的時候.
6) 醒透：완전히 깨어나다. 완전히 깨닫다. (→卷末)
7) 餅：穀粉을 반죽하여 납작하게 구운 것. (→卷末)
8) 四兩燭：무게 4兩의 초. (→卷末)
9) 獨自：혼자서. =獨自一個(人).
10) 燭火像元夜似的閃閃的跳：촛불이 정월 대보름날처럼 눈부시게 번쩍번쩍 춤춘다. (→卷末)
11) 他的思想：그의 생각. 여기서는 想像・空想에 가까운 뜻이다.
12) 迸跳：확 튀어오르다. 힘차게 튀어 흩어지다.
13) 來了一陣～的革命黨：～란 혁명당이 와아 하고 몰려왔다. (→卷末)
14) 板刀：칼의 面이 넓은 칼. 청룡도.
15) 洋礮：보병총, 즉 소총. (→卷末)
16) 三尖兩刃刀：끝에 붙은 날이 세 갈래로 갈라진 칼.
17) 鉤鐮鎗：낫같이 생긴 창. 긴 자루 끝에 뒤로 젖혀진 넓은 날을 붙인 옛날의 무기.

『阿Q！ 同去同去！』于是一同去.……

這時未莊的一夥鳥男女纔好笑哩[1], 跪下叫道,『阿Q, 饒命！』誰聽他！ 第一個該死的是小D和趙太爺, 還有秀才, 還有假洋鬼子, ……留幾條麼[2]？ 王鬍本來還可留, 但也不要了[3]. ……

東西, ……直走進去打開箱子來; 元寶[4]・洋錢・洋紗衫, ……秀才娘子的一張寧式牀[5]先搬到土穀祠, 此外便擺了錢家的桌椅, ——或者也就用趙家的罷. 自己是不動手的了[6], 叫小D來搬, 要搬得快, 搬得不快打嘴巴.……

趙司晨的妹子眞醜. 鄒七嫂的女兒過幾年再說[7]. 假洋鬼子的老婆會和沒有辮子的男人睡覺, 嚇, 不是好東西！ 秀才的老婆是眼胞上有疤的. ……吳媽長久不見了, 不知道在那裏, ——可惜脚太大[8].」

阿Q沒有想得十分停當[9], 已經發了鼾聲, 四兩燭還只點去了小半寸, 紅焰焰的光照着他張開的嘴.

「荷荷！」阿Q忽而大叫起來, 擡了頭倉皇的四顧, 待到看見四兩燭, 却又倒頭睡去了.

第二天他起得很遲, 走出街上看時, 樣樣都照舊. 他也仍然肚餓;

---

1) 纔好笑哩：그야말로 정말 꼴불견이다. 당치 않은 웃음거리다. (→卷末)

2) 留幾條麼：몇 마리나 남겨 둘까？ (→卷末)

3) 但也不要了：그러나 (王鬍에게도) 볼 일이 없어졌다. 그러나 (그도 역시 나의) 쓸모가 없게 되었다.

4) 元寶：50兩 무게의 銀錠. 馬蹄銀. 銀을 말발굽 모양으로 주조한 옛 銀貨의 일종. (p.16 註⑭ 참조)

5) 寧式牀：寧波式의 침대. (→卷末)

6) 自己是不動手的了：자기는 손을 대지 않는 것으로 한다.

7) 過幾年再說：몇 년이 지난 후의 일로 하자. (→卷末)

8) 脚太大：발이 너무 크다. (→卷末)

9) 十分停當：충분히 정리되다. 잘 정돈되다. 말쑥히 (생각이) 정리되다.

他想着，想不起什麼來；但他忽而似乎有了主意了，慢慢的跨開步[1]，有意無意的走到靜修菴.

菴和春天時節一樣靜[2]，白的牆壁和漆黑的門[3]. 他想了一想，前去打門，一隻狗在裏面叫. 他急急拾了幾塊斷磚，再上去較爲用力的打，打到黑門上生出許多麻點的時候，纔聽得有人來開門.

阿Q連忙捏好磚頭，擺開馬步[4]，準備和黑狗來開戰. 但菴門只開了一條縫[5]，並無黑狗從中衝出，望進去只有一個老尼姑.

「你又來什麼事？[6]」伊大喫一驚的說.

「革命了……你知道？……」阿Q說得很含胡.

「革命革命，革過一革的[7]，……你們要革得我們怎麼樣呢？」老尼姑兩眼通紅的說.

「什麼？……」阿Q詫異了.

「你不知道，他們已經來革過了！」

「誰？……」阿Q更其[8]詫異了.

「那秀才和洋鬼子！」

---

1) 跨開步：큰 걸음으로 걷다. 성큼성큼 걷다.
2) 菴和春天時節一樣靜：암자는 봄의 그때와 다름없이 조용했다. (→卷末)
3) 白的牆壁和漆黑的門：흰 벽에 검은 문. (→卷末)
4) 擺開馬步：가랑이를 벌려 몸을 버티다. 발에 힘을 주어 양 다리를 벌리는 자세를 취하다.
5) 開了一條縫：열어서 한 줄기의 틈이 생겼다. (→卷末)
6) 你又來什麼事：넌 또 무엇하러 왔느냐? (→卷末)
7) 革過一革的：혁명해 버렸다. 혁명은 이제 끝났다. (→卷末)
8) 更其：더더욱. 다시 한번. (→卷末)

阿Q很出意外，不由的一錯愕[1]；老尼姑見他失了銳氣[2]，便飛速的關了門，阿Q再推時，牢[3]不可開，再打時，沒有回答了.

那還是上午的事. 趙秀才消息靈[4]，一知道革命黨已在夜間進城，便將辮子盤在頂上，一早去拜訪那歷來也不相能的錢洋鬼子. 這是「咸與維新[5]」的時候了，所以他們便談得很投機[6]，立刻成了情投意合[7]的同志，也相約去革命. 他們想而又想，纔想出靜修菴裏有一塊「皇帝萬歲萬萬歲」的龍牌[8]，是應該趕緊革掉[9]的，于是又立刻同到菴裏去革命. 因爲老尼姑來阻擋，說了三句話，他們便將伊當作滿政府[10]，在頭上很給了不少的棍子和栗鑿[11]. 尼姑待他們走後，定了神來檢點，龍牌固然已經碎在地上了[12]，而且又不見了觀音娘娘[13]座前的

---

1) 錯愕：오싹하다. 갑자기 놀란 모양.
2) 失了銳氣：마음이 꺾여 상처받다. 기운이 없어지다.
3) 牢：견고하다. 튼튼하다.
4) 消息靈：뉴우스에 밝다. 뉴우스를 포착함에 빠르다. 빨리 알아듣다.
5) 咸與維新：모두 함께 이 새로와지는 것에 참여하다. (→卷末)
6) 談得很投機：의기가 투합하다. 이야기가 활기있게 나가다. (→卷末)
7) 情投意合：완전히 의기투합하다.
8) 龍牌：용의 무늬가 있는 牌位. (→卷末)
9) 革掉：혁명해버리다. 때려부숴 없애버리다. (→卷末)
10) 滿政府：만주인의 정부. 清朝는 만주족이 건국한 나라이므로 이렇게 부른다.
11) 給了栗鑿：아람을 먹이다. 주먹으로 때려 주다. (→卷末)
12) 碎在地上了：땅 위에 박살이 나 있다.
13) 觀音娘娘：관음보살. 「娘娘」은 女神.

一個宣德鑪[1].

這事阿Q後來纔知道. 他頗悔自己睡着, 但也深怪他們不來招呼他. 他又退一步想道：

「難道他們還沒有知道我已經投降了革命黨麼？」

## 第八章　不准革命

未莊的人心日見其安靜了[2]. 據傳來的消息, 知道革命黨雖然進了城, 倒還沒有什麼大異樣. 知縣大老爺還是[3]原官, 不過改稱了什麼, 而且舉人老爺也做了什麼——這些名目, 未莊人都說不明白[4]——官, 帶兵的也還是先前的老把總[5]. 只有一件可怕的事是另有幾個不好的革命黨夾在裏面搗亂, 第二天便動手剪辮子, 聽說那鄰村的航船七斤[6]便着了道兒[7], 弄得不像人樣子了[8]. 但這却還不算大恐怖, 因爲未莊人本來少上城, 即使偶有想進城的, 也就立刻變了計, 碰不着這危險. 阿Q本也想進城去尋他的老朋友, 一得這消息, 也只得作罷了[9].

但未莊也不能說是無改革. 幾天之後, 將辮子盤在頂上的逐漸增加

1) 宣德鑪：明나라 宣宗 宣德年間(1426—1435)에 주조된 소형의 銅香爐. (→卷末)
2) 日見其安靜了：나날이 인심이 안정되었다. (→卷末)
3) 知縣大老爺還是～：縣知事 각하도 여전히～. (→卷末)
4) 說不明白：분명히 말할 수가 없다. 여기서는 기억하고 있지 않기 때문이다.
5) 把總：淸朝 武官의 名稱으로, 千總 다음가는 지위로서 正七品의 최하위급 무관. 대체로 縣知事와 동급 정도의 지위이다.
6) 航船七斤：魯迅의 다른 작품「風波」에 등장하는 인물. (→卷末)
7) 着了道兒：계략에 걸렸다. 손아귀에 들어갔다. 올가미에 걸렸다. (→卷末)
8) 弄得不像人樣子了：사람답지 못한 꼴이 되어버렸다. 모양이 보기 흉한 꼴이 되어버렸다. (→卷末)
9) 只得作罷了：계획을 중지할 수밖에 도리가 없었다. 예정했던 것을 그만둘 수밖에 도리가 없었다. (→卷末)

起來了，早經說過，最先自然是茂才公，其次便是趙司晨和趙白眼，後來是阿Q．倘在夏天，大家將辮子盤在頭頂上或者打一個結[1]，本不算什麼稀奇事，但現在是暮秋，所以這「秋行夏令[2]」的情形，在盤辮家不能不說是萬分的英斷，而在未莊也不能說無關于改革[3]了．

趙司晨腦後空蕩蕩的[4]走來，看見的人大嚷說：

「嚄，革命黨來了！」

阿Q聽到了很羡慕．他雖然早知道秀才盤辮的大新聞[5]，但總沒有想到自己可以照樣做，現在看見趙司晨也如此，纔有了學樣的意思[6]，定下實行的決心．他用一支竹筷將辮子盤在頭頂上，遲疑[7]多時，這纔放膽的走去．

他在街上走，人也看他，然而不說什麼話，阿Q當初很不快，後來便很不平．他近來很容易鬧脾氣[8]了；其實他的生活，倒也並不比造反之前反艱難，人見他也客氣，店鋪也不說要現錢．而阿Q總覺得自己太失意；旣然革了命，不應該只是這樣的．況且有一回看見小D，愈使他氣破肚皮[9]了．

小D也將辮子盤在頭頂上了，而且也居然用一支竹筷．阿Q萬料不到他也敢這樣做，自己也決不准他這樣做！小D是什麼東西呢？他很想即刻揪住他，拗斷他的竹筷，放下他的辮子，並且批他幾個嘴

---

1) 打一個結：하나의 매듭을 짓다. 하나로 묶다.
2) 秋行夏令：가을에 여름의 政令을 시행하다. 시절에 벗어난 일을 하다. (→卷末)
3) 無關于改革：개혁에 관계가 없다. (→卷末)
4) 腦後空蕩蕩的：뒤통수가 아무것도 없이 휑하니 비어 있다. (→卷末)
5) 新聞：소식. 뉴우스.
6) 有了學樣的意思：흉내내려는 마음이 생겼다.
7) 遲疑：머뭇거리다. 망설이다. =猶豫.
8) 容易鬧脾氣：화를 잘 내는 성격이다. (→卷末)
9) 氣破肚皮：화가 나 뱃가죽이 터지다. 뱃속이 뒤끓다. (→卷末)

巴[1]，聊且[2]懲罰他忘了生辰八字[3]，也敢來做革命黨的罪．但他終于饒放了，單是怒目而視的吐一口唾沫道「呸！」

這幾日裏，進城去的只有一個假洋鬼子．趙秀才本也想靠着寄存箱子的淵源[4]，親身去拜訪擧人老爺的，但因爲有剪辮的危險，所以也就中止了．他寫了一封「黃傘格[5]」的信，託假洋鬼子帶上城，而且託他給自己紹介紹介[6]，去進自由黨．假洋鬼子回來時，向秀才討還了四塊洋錢，秀才便有一塊銀桃子[7]掛在大襟上了，未莊人都驚服，說這是柿油黨[8]的頂子[9]，抵得一個翰林[10]，趙太爺因此也驟然大闊，遠過于他兒子初雋秀才[11]的時候，所以目空一切[12]，見了阿Q，也就很有些不放在眼裏了．

阿Q正在不平，又時時刻刻感着冷落[13]，一聽得這銀桃子的傳說，他立即悟出自己之所以冷落的原因[14]了：要革命，單說投降，是不行的；盤上辮子，也不行的；第一着仍然要和革命黨去結識．他生平所知道的革命黨只有兩個，城裏的一個早已「嚓」的殺掉了，現在只剩了一個

---

1) 批～嘴巴：～의 뺨따귀를 강하게 때리다．「批」는 손바닥으로 치는 것．
2) 聊且：무엇보다도．＝姑且・暫且．
3) 忘了生辰八字：자기 분수를 잊다．(→卷末)
4) 靠着寄存箱子的淵源：트렁크를 맡겼다는 연고를 기화로 해서．(→卷末)
5) 黃傘格：옛날에 관리가 사용하던 가장 정중하고 格式에 얽매인 편지의 한 형식．(→卷末)
6) 紹介：소개하다．(→卷末)
7) 銀桃子：은 복숭아．徽章用으로 쓰이는 은색의 복숭아를 말한다．(→卷末)
8) 柿油黨：自由黨을 가리키는 말．(→卷末)
9) 頂子：徽章．뱃지．(→卷末)
10) 抵得一個翰林：하나의 翰林에 상당하다．(→卷末)
11) 初雋秀才：처음으로 秀才에 합격하다．「雋」은 「進」과 같다．
12) 目空一切：안중에 아무것도 없다．스스로를 높게 치는 것을 말한다．＝目空一世・目中無人．
13) 冷落：쇠퇴하다．시들다．쓸쓸해지다．
14) ～之所以～的原因：왜 ～인가 그 이유．

假洋鬼子．他除却趕緊去和假洋鬼子商量之外[1]，再沒有別的道路了．

錢府的大門正開着，阿Q便怯怯的躄進去[2]．他一到裏面，很喫了驚，只見假洋鬼子正站在院子的中央，一身烏黑的大約是洋衣，身上也掛着一塊銀桃子，手裏是阿Q曾經領教過[3]的棍子，已經留到一尺多長的辮子都拆開了[4]披在肩背上，蓬頭散髮的像一個劉海仙[5]．對面挺直[6]的站着趙白眼和三個閒人，正在必恭必敬[7]的聽說話．

阿Q輕輕的走進了，站在趙白眼的背後，心裏想招呼，却不知道怎麼說纔好：叫他假洋鬼子固然是不行的了，洋人也不妥，革命黨也不妥，或者就應該叫洋先生了罷．

洋先生却沒有見他，因爲白着眼睛講得正起勁[8]：

「我是性急的，所以我們見面，我總是說：洪哥[9]！我們動手罷！他却總說道 No！——這是洋話，你們不懂的．否則早已成功了．然而這正是他做事小心的地方．他再三再四的請我上湖北[10]，我還沒有肯．誰願意在這小縣城裏做事情．……」

「唔，……這個……」阿Q候他略停[11]，終于用十二分的勇氣開口了，

1) 除却～之外：～를 제외한 이외에. =除了～之外.
2) 躄進去：슬슬 들어가다. (→卷末)
3) 曾經領教過：전에 가르침을 받은 적이 있다. 혼이 난 일이 있다. 즉 몽둥이로 얻어맞은 적이 있다.
4) 拆開了：하나로 묶지 않고 흩으러지게 놓아두다.
5) 劉海仙：劉海蟾을 가리킨다. (→卷末)
6) 挺直：똑바로. 꼿꼿이.
7) 必恭必敬：황공한 모양. (→卷末)
8) 白着眼睛講得正起勁：눈동자를 희번덕거리며 마침 이야기에 열중하고 있다.
9) 洪哥：辛亥革命 때 湖北의 都督이 되었던 黎元洪을 가리키는 말인 듯. (→卷末)
10) 上湖北：湖北으로 가다. (→卷末)
11) 候他略停：그가 잠시 이야기를 멈출 때를 기다리다. 「候」는 「等」과 같은 뜻의 문장어.

但不知道因爲什麼，又並不叫他洋先生.

聽着說話的四個人都喫驚的回顧他. 洋先生也纔看見：

「什麼？」

「我……」

「出去！」

「我要投……」

「滾出去[1]！」洋先生揚起哭喪棒來了.

趙白眼和閒人們便都吆喝道：「先生叫你滾出去，你還不聽麼！」

阿Ｑ將手向頭上一遮[2]，不自覺的逃出門外；洋先生倒也沒有追. 他快跑了六十多步，這纔慢慢的走，于是心裏便湧起了憂愁：洋先生不准他革命，他再沒有別的路；從此決不能望有白盔白甲的人來叫他，他所有的抱負・志向・希望・前程，全被一筆勾銷[3]了. 至于閒人們傳揚開去[4]，給[5]小Ｄ・王鬍等輩[6]笑話，倒是還在其次的事.

他似乎從來沒有經驗過這樣的無聊. 他對於自己的盤辮子，彷彿也覺得無意味，要侮蔑；爲報讎起見[7]，很想立刻放下辮子來，但也沒

1) 滾出去：나가서 사라져라. 꺼져라. 흔히 「滾蛋」이라고도 한다.
2) 將手向頭上一遮：손으로 머리를 갑자기 감싸다. (→卷末)
3) 一筆勾銷：단번에 없애버리다. (→卷末)
4) 傳揚開去：전하여 널리 알리다. 널리 퍼뜨리다. (→卷末)
5) 給～：피동을 나타내는 말로 「被～」와 같다.
6) ～等輩：～의 한 패. ～의 패거리. 얕잡아보는 어감이 깃들어 있다.
7) 爲報讎起見：원수를 갚기 위하여. (→卷末)

有竟放[1]. 他遊到夜間[2], 賒了兩碗酒, 喝下肚去, 漸漸的高興起來了, 思想裏[3]纔又出現了白盔白甲的碎片.

有一天, 他照例的混到夜深[4], 待酒店要關門, 纔踱回土穀祠去.

拍, 吧！～～

他忽而聽得一種異樣的聲音, 又不是爆竹. 阿Q本來是愛看熱鬧, 愛管閒事的[5], 便在暗中直尋過去. 似乎前面有些脚步聲; 他正聽, 猛然間一個人從對面逃來了. 阿Q一看見, 便趕緊翻身跟着逃. 那人轉彎, 阿Q也轉彎, 旣轉彎, 那人[6]站住了, 阿Q也站住. 他看後面並無什麼, 看那人便是小D.

「什麼？」阿Q不平起來了.

「趙……趙家遭搶了！」小D氣喘吁吁的說.

阿Q的心怦怦的跳了[7]. 小D說了便走; 阿Q却逃而又停的兩三回[8]. 但他究竟是做過「這路生意[9]」的人, 格外膽大, 于是躄出路角, 仔細的聽, 似乎有些嚷嚷[10], 又仔細的看, 似乎許多白盔白甲的人, 絡繹[11]的將箱子擡出了, 器具擡出了, 秀才娘子的寧式牀也擡出了[12], 但是不分明, 他還想上前, 兩隻脚却沒有動.

---

1) 但也沒有竟放 : 그러나 역시 끝내 변발을 풀어버리지는 않았다. (→卷末)
2) 遊到夜間 : 밤까지 빈둥거리고 돌아다니다. 「遊」는 「閒逛」과 같은 말이다.
3) 思想裏 : 머리 속에. 여기서도 상상·공상을 뜻한다.
4) 混到夜深 : 밤이 깊어질 때까지 하릴없이 시간을 보내다. (→卷末)
5) 愛管閒事的 : 남의 일에 참견하기 좋아하는 사람. 호기심 많은 말참견꾼.
6) 旣轉彎, 那人～ : 모퉁이를 돌자 그 사람은 ～. (→卷末)
7) 怦怦的跳了 : (심장이) 두근두근 고동을 쳤다.
8) 逃而又停的兩三回 : 달아나면서 멈추기를 두세 번 되풀이했다. (→卷末)
9) 這路生意 : 이 방면의 사업. 여기서는 도둑질이다.
10) 嚷嚷 : 와와 떠들다. (→卷末)
11) 絡繹 : 계속해서 끊이지 않는 모양.
12) 將箱子擡出了, 器具擡出了, 秀才娘子的寧式牀也擡出了 : 여기서 「器具」와 「秀才

這一夜沒有月，未莊在黑暗裏很寂靜，寂靜到[1]像羲皇[2]時候一般太平．阿Q站着看到自己發煩[3]，也似乎還是先前一樣，在那裏來來往往的搬，箱子擡出了[4]，器具擡出了，秀才娘子的寧式牀也擡出了，……擡得他自己有些不信他的眼睛了[5]．但他決計不再上前，却回到自己的祠裏去了．

土穀祠裏更漆黑；他關好大門，摸進自己的屋子裏[6]．他躺了好一會，這纔定了神，而且發出關于自己的思想來[7]：白盔白甲的人明明到了，並不來打招呼，搬了許多好東西，又沒有自己的份[8]，——這全是假洋鬼子可惡，不准我造反，否則，這次何至于[9]沒有我的份呢？阿Q越想越氣，終于禁不住滿心痛恨起來，毒毒的[10]點一點頭：「不准我造反，只准你造反？媽媽的假洋鬼子，——好，你造反！造反是殺頭的罪名呵，我總要告一狀[11]，看你抓進縣裏去殺頭[12]，——滿

---

～」의 앞에 「將」이 생략된 것으로 보이는데, 이러한 경우에는 보통 「將」을 쓰지 않는다.

1) 寂靜到～：～까지 조용해지다. (→卷末)
2) 羲皇：전설에 나오는 古代의 帝王 伏羲氏. (→卷末)
3) 發煩：싫증이 나다. 귀찮고 조급한 느낌이 들다.
4) 箱子擡出了：트렁크가 떠메어 내놔졌다. (→卷末)
5) 擡得他自己有些不信他的眼睛了：자기 자신 자기 눈이 약간 믿겨질 수 없을 정도로 떠메어 내왔다.
6) 摸進自己的屋子裏：자기 방으로 더듬거리며 들어가다.
7) 發出關于自己的思想來：자기 일에 관계된 생각이 떠올랐다. 이 사건이 자기에게 어떠한 관계를 갖게 될 것인가를 생각하기 시작했다.
8) 沒有自己的份：자기 몫이 없다.
9) 何至于：어찌 ～하는 데에 이르겠는가. ～같은 일이 될 리가 없다. 「不會～」를 강하게 표현한 것이다.
10) 毒毒的：분한 듯. 화가 치민 듯. ＝狠狠的.
11) 告一狀：고발하다. 「狀」은 고발장인데, 여기서는 量詞로 쓰였다.
12) 看你抓進縣里去殺頭：이봐, 너 같은 것은 관청에 잡혀 끌려가서 참수형을 당한다. (→卷末)

門抄斬[1], ——嚓！ 嚓！」

## 第九章　大團圓

趙家遭搶之後，未莊人大抵很快意而且恐慌，阿Q也很快意而且恐慌．但四天之後，阿Q在半夜裏忽被抓進縣城裏去了．那時恰是暗夜，一隊兵，一隊團丁[2]，一隊警察，五個偵探，悄悄地到了未莊，乘昏暗圍住土穀祠，正對門架好[3]機關鎗；然而阿Q不衝出．許多時沒有動靜，把總焦急起來了，懸了二十千的賞[4]，纔有兩個團丁冒了險，踰垣進去，裏應外合[5]，一擁而入[6]，將阿Q抓出來：直待擒出祠外面的機關鎗左近，他纔有些淸醒了．

到進城，已經是正午，阿Q見自己被攙進[7]一所破衙門，轉了五六個彎，便推在一間小屋裏．他剛剛一蹌踉，那用整株的木料[8]做成的柵欄門[9]便跟着他的脚跟闔上了[10]，其餘的三面都是牆壁，仔細看時，屋角上還有兩個人．

阿Q雖然有些忐忑，却並不很苦悶[11]，因爲他那土穀祠裏的臥室，

---

1) 滿門抄斬：一家를 모두 체포해다가 斬首하고 재산을 몰수하다.「抄」는 수사 몰수하는 것이다.
2) 團丁：自警團員.（→卷末）
3) 架好～：～을 말쑥히 가설하다.
4) 二十千的賞：2萬文의 賞. 二十千文的賞.（→卷末）
5) 裏應外合：內外가 호응하다.
6) 一擁而入：갑자기 몰려 들어가다.
7) 攙進：끌려 들어가다.
8) 整株的木料：통나무 목재. 둥글게 생긴 목재. 이은 곳이 없는 둥글목.
9) 柵欄門：울타리 문.
10) 跟着他的脚跟闔上了：그의 발꿈치를 따라 닫혀졌다. 그가 발을 들여놓자 마자 닫혀졌다.
11) 苦悶：마음이 무겁다. 기분이 답답하다. 숨이 막힐 것 같다.

也並沒有比這間屋子更高明[1]. 那兩個也彷彿是鄉下人, 漸漸和他兜搭[2]起來了, 一個說是擧人老爺要追他祖父欠下來的陳租[3], 一個不知道爲了什麼事[4]. 他們問阿Q, 阿Q爽利的[5]答道, 「因爲我想造反.」

他下半天[6] 便又被抓出柵欄門去了, 到得大堂[7], 上面坐着一個滿頭剃得精光的老頭子. 阿Q疑心他是和尙, 但看見下面站着一排兵, 兩旁又站着十幾個長衫人物[8], 也有滿頭剃得精光像這老頭子的, 也有將一尺來長的頭髮披在背後像那假洋鬼子的, 都是一臉橫肉[9], 怒目而視的看他; 他便知道這人一定有些來歷[10], 膝關節立刻自然而然的寬鬆[11], 便跪了下去了.

「站着說! 不要跪!」長衫人物都吆喝說.

阿Q雖然似乎懂得, 但總覺得站不住, 身不由己的[12]蹲了下去, 而

---

1) 高明 : 우수하다. 능가하다. 정도가 충분한 것을 말한다. (→卷末)
2) 兜搭 : 접근하다. 격의없이 사귀다. 관련을 맺다. 남녀가 관계를 맺다. 여기서는 이야기를 나누는 것을 말한다.
3) 追~欠下來的陳租 : 전에 체납한 소작료를 징수하다. (→卷末)
4) 爲了什麼事 : 무엇 때문인가. 이런 경우 「爲着~」라고도 한다.
5) 爽利的 : 날쌔게. 잽싸게.
6) 下半天 : 오후.
7) 到得大堂 : 넓고 큰 방에 닿자. (→卷末)
8) 長衫人物 : 長衫을 입은 사람. (→卷末)
9) 一臉橫肉 : 보기만 해도 잔인한 얼굴 모양. 흉악한 얼굴. 「一臉」은 얼굴이다.
10) 有些來歷 : 무언가 까닭이 있다.
11) 寬鬆 : 힘이 빠지다.
12) 身不由己的 : 몸이 말을 듣지 않는다.

且終于趁勢[1]改爲跪下了.

「奴隷性[2]!……」長衫人物又鄙夷似的說, 但也沒有叫他起來.

「你從實招[3]來罷, 免得喫苦. 我早都知道了. 招了可以放你.」 那光頭的老頭子看定了阿Q的臉, 沈靜的淸楚的說.

「招罷!」長衫人物也大聲說.

「我本來要……來投……」 阿Q胡裏胡塗的想了一通, 這纔斷斷續續的說.

「那麼, 爲什麼不來的呢[4]?」老頭子和氣的問.

「假洋鬼子不准我!」

「胡說! 此刻說, 也遲了. 現在你的同黨在那裏?」

「什麼?……」

「那一晚打劫趙家的一夥人.」

「他們沒有來叫我. 他們自己搬走了.」阿Q提起來便憤憤.

「走到那裏去了呢? 說出來便放你了.」老頭子更和氣了.

「我不知道, ……他們沒有來叫我……」

然而老頭子使了一個眼色[5], 阿Q便又被抓進柵欄門裏了. 他第二次抓出柵欄門, 是第二天的上午.

大堂的情形都照舊. 上面仍然坐着光頭的老頭子, 阿Q也仍然下了跪.

老頭子和氣的問道, 「你還有什麼話說麼?」

---

1) 趁勢 : 그 바람에. 기회를 타서. 여세를 이용하다.
2) 奴隷性 : 노예근성. (→卷末)
3) 招 : 자백하다.
4) 爲什麼不來的呢 : 왜 오려고 하지 않았지? (→卷末)
5) 使了一個眼色 : 눈짓을 한번 했다.

阿Q一想，沒有話，便回答說，「沒有.」

于是一個長衫人物拿了一張紙，並一支筆送到阿Q的面前，要將筆塞在他手裏[1]. 阿Q這時很喫驚，幾乎「魂飛魄散[2]」了：因爲他的手和筆相關，這回是初次. 他正不知怎樣拿；那人却又指着一處地方教他畫花押[3].

「我……我……不認得字.」 阿Q一把抓住了筆[4]，惶恐而且慚愧的說.

「那麼，便宜你[5]，畫一個圓圈！」

阿Q要畫圓圈了，那手捏着筆却只是抖[6]. 于是那人替他將紙鋪在地上，阿Q伏下去，使盡了生平的力畫圓圈. 他生怕被人笑話，立志要[7]畫得圓，但這可惡的筆不但很沈重，並且不聽話，剛剛一抖一抖的幾乎要合縫[8]，却又向外一聳[9]，畫成瓜子模樣了.

阿Q正羞愧自己畫得不圓，那人却不計較[10]，早已掣[11]了紙筆去，許多人又將他第二次抓進柵欄門.

他第二次進了柵欄，倒也並不十分懊惱. 他以爲人生天地之間，大

---

1) 將筆塞在他手裏：붓을 무리하게 그의 손에 들게 하다. 「塞」는 강제로 밀어 넣다.
2) 魂飛魄散：혼백이 흩어지다. 놀라서 넋이 나가다. 몹시 놀라 어쩔 줄 모르는 경우를 일컫는 말이다. =魂不附體.
3) 畫花押：서명을 하다.
4) 一把抓住了筆：한 손에 붓을 잡아쥐다. (→卷末)
5) 便宜你：너에게 편의를 도모하다. 너를 특별히 배려한다.
6) 那手捏着筆却只是抖：그 손은 붓을 잡고는 있었으나 떨기만 했다. (→卷末)
7) 立志要～：～하려고 하는 뜻을 세우다.
8) 一抖一抖的幾乎要合縫：부들부들 떨면서 붓을 움직여 거의 마무리지으려고 하다. (→卷末)
9) 向外一聳：바깥으로 갑자기 튀어오르다.
10) 計較：특별 취급하여 문제로 삼다. 다투다. (→卷末)
11) 掣：끌어 가져오다.

約本來有時要抓進抓出，有時要在紙上畫圓圈的，惟有[1]圈而不圓[2]，却是他「行狀」上的一個汚點．但不多時也就釋然[3]了，他想：孫子纔畫得很圓的圓圈呢[4]．于是他睡着了．

然而這一夜，擧人老爺反而不能睡：他和把總嘔了氣[5]了．擧人老爺主張第一要追贓[6]，把總主張第一要示衆[7]．把總近來很不將擧人老爺放在眼裏了，拍案打凳[8]的說道，「懲一儆百[9]！你看，我做革命黨還不上二十天，搶案就是十幾件，全不破案[10]，我的面子在那裏？破了案，你又來迂[11]．不成！這是我管的！」擧人老爺窘急[12]了，然而還堅持，說是倘若不追贓，他便立刻辭了幫辦[13]民政的職務．而把總却道，「請便罷！」于是擧人老爺在這一夜竟沒有睡，但幸而第二天倒也沒有辭．

阿Q第三次抓出柵欄門的時候，便是擧人老爺睡不着的那一夜的明天的上午了．他到了大堂，上面還坐着照例的光頭老頭子；阿Q也照例的下了跪．

---

1) 惟有：단지. 그저. ＝只.（→卷末）
2) 圈而不圓：둥글긴 하지만, 둥글지 않다.
3) 釋然：고민이 사라져 없어지는 모양.
4) 孫子纔畫得很圓的圓圈呢：손자놈이나 겨우 동그란 동그라미를 그릴 수 있을 거야.（→卷末）
5) 嘔氣：시비하다. 화를 내다. 울화를 터뜨리다.
6) 追贓：도둑맞은 장물을 찾다.（→卷末）
7) 示衆：군중에게 본보기로 보이다.（→卷末）
8) 拍案打凳：책상을 두들기고 걸상을 치다. 激昂된 모양. ＝打桌擊凳.
9) 懲一儆百：한 사람을 징계하여 백 사람을 훈계하다. ＝一罰百戒.「儆」은「警」과 같다.
10) 破案：죄가 드러나다. 장물 은닉범을 체포하다.
11) 你又來迂：당신은 쓸데없는 말을 늘어놓고 방해를 하다.（→卷末）
12) 窘急：궁지에 몰려 초조하게 되다. 입장이 궁하여 덤벙대다. 추궁당하고 초조해하다.
13) 幫辦：일을 처리하는 데 협력하다.

老頭子很和氣的問道, 「你還有什麼話麼?」

阿Q一想, 沒有話, 便回答說, 「沒有.」

許多長衫和短衫人物[1], 忽然給他穿上一件洋布[2]的白背心, 上面有些黑字. 阿Q很氣苦[3]; 因爲這很像是帶孝[4], 而帶孝是晦氣的. 然而同時他的兩手反縛[5]了, 同時又被一直抓出衙門外去了.

阿Q被擡上了一輛沒有篷的車[6], 幾個短衣人物也和他同坐在一處. 這車立刻走動了, 前面是一班背着洋礮的兵們和團丁, 兩旁是許多張着嘴的看客, 後面怎樣, 阿Q沒有見. 但他突然覺到了: 這豈不是去殺頭麼? 他一急, 兩眼發黑[7], 耳朶裏嗡的一聲, 似乎發昏[8]了. 然而他又沒有全發昏, 有時雖然着急, 有時却也泰然, 他意思之間[9], 似乎覺得人生天地間, 大約本來有時也未免[10]要殺頭的.

他還認得路, 于是有些詫異了: 怎麼不向着法場[11]走呢? 他不知

---

1) 短衫人物 : 짧은 저고리를 입은 사람. (→卷末)
2) 洋布 : 기계로 짠 綿布. (→卷末)
3) 氣苦 : 기분이 매우 울적한 모양.
4) 帶孝 : 상복을 입다.
5) 反縛 : 손을 뒤로 묶다. =反剪.
6) 沒有篷的車 : 포장이 없는 수레. (→卷末)
7) 發黑 : 일시에 캄캄해지다.
8) 發昏 : 갑자기 아찔해지다. 금방 失神하다. 일시에 정신을 잃다.
9) 意思之間 : 생각하고 있는 사이에. 「생각의 가운데」가 아니다.
10) 有時也未免~ : 때로는 ~하는 것을 면할 수가 없다.
11) 法場 : 처형장.

道這是在游街[1]，在示衆．但即使知道也一樣，他不過以爲人生天地間，大約本來有時也未免要游街要示衆罷了[2]．

他省悟了，這是繞到法場去的路，這一定是「嚓」的去殺頭[3]．他惘惘的[4]向左右看，全跟着馬蟻似的人，而在無意中，却在路旁的人叢中發見了一個吳媽．很久違[5]，伊原來在城裏做工了．阿Q忽然很羞愧自己沒志氣[6]：竟沒有唱幾句戲．他的思想彷佛旋風似的在腦裏一廻旋：「小孤孀上墳」欠堂皇[7]，「龍虎鬪」裏的「悔不該……」也太乏，還是「手執鋼鞭將你打」罷．他同時將手一揚，纔記得這兩手原來都綑着，于是「手執鋼鞭」也不唱了[8]．

「過了二十年又是一個……[9]」阿Q在百忙中，「無師自通[10]」的說出半句從來不說的話．

「好！」從人叢裏，便發出豺狼的嗥叫一般的聲音來．

車子不住的前行，阿Q在喝采聲中，輪轉眼睛[11]去看吳媽，似乎伊一向並沒有見他，却只是出神的[12]看着兵們背上的洋礮．

阿Q于是再看那些喝采的人們．

---

1) 游街：거리를 끌고 다니다．가두 퍼레이드를 하다．
2) ～罷了：위의 「他不過以爲～」의 「以爲」에 대하여 制限의 어투를 나타낸다．
3) 「嚓」的去殺頭：철썩 하고 목이 잘린다．「去」는 「嚓」하는 방법으로 「殺頭」되는 것을 말한다．
4) 惘惘的：어리둥절해서．意氣가 솟지 않는 모양．
5) 久違：오랫동안 격조했다．오랫동안 눈에 띄지 않았다．
6) 志氣：용기．기개．
7) 欠堂皇：당당함이 없다．무게가 없다．관록이 없다．
8) 不唱了：노래를 그만두었다．노래할 생각이 없어졌다．「不～了」의 構文에 유의하라．
9) 過了二十年又是一個……：20년이 지나 다시 한……．(→卷末)
10) 無師自通：아무에게도 배우지 않고 스스로 익히다．
11) 輪轉眼睛：눈을 번득이다．
12) 出神的：넋이 나가．멍하니．

這刹那中，他的思想又彷彿旋風似的在腦裏一廻旋了．四年之前，他曾在山脚下遇見一隻餓狼，永是不近不遠的跟定[1]他，要喫他的肉．他那時嚇得幾乎要死，幸而手裏有一柄斫柴刀[2]，纔得仗這壯了膽，支持到未莊[3]，可是永遠記得那狼眼睛，又凶又怯[4]，閃閃的像兩顆鬼火，似乎遠遠的來穿透了他的皮肉．而這回他又看見從來沒有見過的更可怕的眼睛了，又鈍又鋒利，不但已經咀嚼了他的話，並且還要咀嚼他皮肉以外的東西，永是不遠不近的跟他走．

這些眼睛們[5]似乎連成一氣，已經在那裏咬他的靈魂．

「救命，……」

然而阿Q沒有說．他早就兩眼發黑，耳朵裏嗡的一聲，覺得全身彷彿微塵似的迸散[6]了．

至于當時的影響，最大的倒反在擧人老爺，因爲終于沒有追贓，他全家都號咷[7]了．其次是趙府，非特[8]秀才因爲上城去報官，被不好的革命黨剪了辮子，而且又破費了二十千的賞錢，所以全家也號咷了．從這一天以來，他們便漸漸的都發生了遺老的氣味[9]．

---

1) 跟定：바짝 뒤를 따르다.
2) 一柄斫柴刀：한 자루의 도끼. (→卷末)
3) 纔得仗這壯了膽，支持到未莊：이것을 좋은 기회로 담력을 키워 未莊까지 애써 버티어 왔다. (→卷末)
4) 又凶又怯：흉악하긴 해도 또 한편으로는 무서워하기도 하다. (→卷末)
5) 眼睛們：눈들. 눈을 擬人化해서 「們」을 붙여 말한 것이다. (→卷末)
6) 迸散：솟아나와 날아 없어지다.
7) 號咷：큰 소리로 울다. =號啕.
8) 非特：「不但」의 文章語. 뒤의 「而且」과 연결된다.
9) 發生了遺老的氣味：前朝의 遺臣的인 기색이 나타났다. →(卷末)

至于輿論，在未莊是無異議，自然都說阿Q壞，被鎗斃便是他的壞的證據；不壞又何至于被鎗斃呢？ 而城裏的輿論却不佳，他們多半不滿足，以爲鎗斃並無殺頭這般好看[1]；而且那是怎樣的一個可笑的死囚[2]呵，游了那麼久的街[3]，竟沒有唱一句戲：他們白[4]跟一趟了.

一九二一年十二月

1）鎗斃並無殺頭這般好看：총살은 목을 자르는 것만큼 재미가 없다.（→卷末）
3）死囚：사형수，
4）游了那麼久的街：그토록 오랫동안 거리를 끌려 다녔다.（→卷末）
4）白：공연히.（→卷末）

# 註 釋 補 完

(左側 아라비아數字는 本文 面數와 註番號를 表示)

**5-1** 「阿Q正傳」: 모두 9章으로 分章되어 있고, 1921년 12월 4일부터 1922년 2월 12일 사이 「晨報」 副刊에 1주일 또는 2주일에 한번씩 分章 發表하였다. 작자는 그의 모든 小說을 「魯迅」이란 筆名으로 발표하였으나, 이 작품만은 「巴人」이란 필명을 썼다. 「華蓋集續編」에 실려 있는 「阿Q正傳的成因」(1926)에서 작자는 「署名은 『巴人』으로 『下里巴人』이란 말에서 취한 것인데, 결코 고상하지 못하다는 뜻이다. (署名是『巴人』, 取『下里巴人』, 並不高雅的意思.)」라 하여, 이 작품의 內容에 비추어 볼 때 의도적으로 그러한 필명을 붙였음을 시사해 주고 있다. 「下里巴人」은 楚나라 宋玉의 「對楚王問」(「昭明文選」 卷45에 收錄되어 있음)에 보인 바와 같이 古代楚國의 民歌로 그 뜻은 「아랫마을의 하찮은 사람」이란 뜻인 때문이다. 이밖에 이 작품에 대한 작자 자신의 견해로서 1925년에 러시아語譯本을 위해 쓴 序文이 있는데, 「集外集」에 실려 있다.

**5-4** 不朽: 「立德」 「立功」 「立言」을 「三不朽」라고 한 데서 나온 말로, 그 出典은 「左傳」 襄公 24年條에 실린 魯大夫 叔孫豹의 말에서 나왔다. 즉 「穆叔이 晋나라에 갔을 때 范宣子가 그를 맞이하여 묻기를 『옛날 사람 말에 〈죽어서도 썩지 않는다〉라고 했는데 이는 무엇을 말하는 것입니까?』 하자, 穆叔이 말하기를 『내가 듣기에 〈맨위에 立德이 있고 그 다음에 立功이 있고 그 다음에 立言이 있는데, 이것들은 아무리 오래 되어도 없어지지 않아 이를 썩지 않는 것이라 이른다〉고 하더군요』라 했다. (穆叔如晋, 范宣子逆之, 問焉, 曰: 『古人有言曰〈死而不朽〉, 何謂也?』 穆叔曰: 『豹聞之〈太上有立德, 其次有立功, 其次有立言; 雖久不廢, 此之謂不朽.〉』)」 결국 옛날의 聖人은 德을 쌓아 남의 본보기가 되었고. 그 다음가는 聖人은 功을 세워 세상을 구했으며, 그 다음의 賢人은 좋은 말을 남겨 후세 사람들의 교훈으로 삼았는데, 이러한 것은 그 사람이 죽어 오랜 시간이 흘러도 없어지지 않아 不朽라고 했던 것이다.

**5-6** 不甚~: 「甚」은 文言的인 표현방법이나, 「不甚」을 한 單語처럼 써서 現代文章語에서도 많이 사용되고 있다.

**5-9** 彷彿思想裏有鬼似的: 「鬼」는 귀신으로서 사람을 유혹하는 것, 따라서 작자는 귀신에게 홀려 阿Q의 傳記를 쓰도록 유혹당하고 있다는 뜻으로, 앞의 「而終于~」를 의미상 수식하는 말이라 할 수 있다.

**5-11** 速朽: 앞의 「不朽」란 말에 견주어서 한 말로 작자가 만든 말이라 여겨진다. 「立言」할 만한 文章이라면 반드시 文言으로 써야 할 텐데 작자 자신은 文言 옹호자

가 아니므로 白話로 쓴다는 점에서 이 작품을 「速朽」할 것이라고 하여, 文言 옹호자에 대해 풍자한 것이다.

5-12 名不正則言不順 : 이 말은 「論語」 子路篇에 나오는 말로, 「君子於其所不知蓋闕如也. 名不正則言不順, 言不順則事不成……」이라고 했는데, 楊伯峻의 「論語譯注」에 보인 이 부분의 現代中國語譯을 보면 「君子對于他所不懂的事, 大概採取保留態度. [你怎麼亂說呢 ?] 用詞不當, 言語不可能順理成章; 言語不順理成章, 工作就不可能搞好 ; ……」라고 했다. 政治를 하는 데 있어 맨먼저 할 일은 이름을 바르게 하는 바른 命名法의 확립이라는 孔子의 주장을 말한다. 그렇게 하지 않으면 말이 통하지 않게 되고 결국 도덕은 문란해지며 법률도 유명무실하게 되어 사회의 존속조차 어렵게 된다는 것이다.

6-15 外傳 : 여기서는 「內傳」에 대한 상대적인 말로 쓰인 것이다. 또 「飛燕外傳」(伶玄의 著로 알려진 六朝時代 무렵의 假託作品)처럼 그냥 「外傳」이란 말을 쓴 예도 있다.

6-1 正史 : 清 乾隆 때에 이루어진 것으로, 紀傳體로 쓴 中國 역대의 史書이다. 여기에 「新元史」 「清史稿」 등을 포함하여 「二十五史」 또는 「二十六史」로 불리우기도 하는데, 그 형식은 대략 帝王의 傳記를 「本紀」, 諸侯의 전기를 「世家」, 그밖에 개인의 전기를 「列傳」이라 한다.

6-2 未曾有大總統上諭宣付國史館…… : 「大總統」은 辛亥革命(1911) 후에 清朝 皇帝의 退位를 강요하여 政治의 주도권을 잡은 袁世凱가 1912년에 民國의 초대 大總統이 됨으로써 中華民國 성립 후 國家元首를 일컫는 말로, 「대통령」에 해당된다. 「上諭」는 天子의 詔書. 그러므로 大總統에게는 「上諭」라는 詔書가 있을 리 없으나, 여기서는 이를 옛날의 封建皇帝로 보고 이와 같은 用語를 쓴 것이다. 「國史館」은 國史를 편찬하는 기관으로 漢代부터 설치되어 있었다.

6-3 本傳 : 魯迅은 古小說의 編輯에 힘을 기울였던 관계로 이처럼 傳記의 명칭에 상세하고, 또한 마음을 썼던 것 같다.

6-5 「博徒別傳」 : 이는 英國 소설가 코난 도일(A. Conan Doyle; 1859—1930 中國譯名 : 柯南道爾)의 "*Rodney Stone*"(中國譯名 : 「勞特奈 · 斯吞」)을 번역한 것으로, 本文에서 文豪 디킨즈의 作品이라고 한 것은 잘못 기억한 것이라고 작자가 1926년 8월 8일 韋素園에게 보낸 편지에서 다음과 같이 밝혔다. 즉 「『博徒別傳』是 *Rodney Stone* 的譯名, 但是 C. Doyle 做的. 『阿Q正傳』中說是迭更司作, 乃是我誤記.」(「魯迅全集」 第10卷 p.14에 收錄). 그리고 이 소설의 번역은 陳大鐙 등의 도움을 얻어 文言文 옹호에 앞장섰던 林紓가 했고, 「博徒別傳」이란 題名도 그가 붙인 것인데, 本文에 「文豪라면 괜찮지만(文豪則可, ……)」라고 한 것도 실상은 찰스 디킨즈에 대한 말이라기보다 林紓에 대한 야유였다고 볼 수 있다.

6-8 小傳 : 周遐壽는 「魯迅小說家的人物」(p.63)에서 林紓 · 魏易가 번역한 哈葛得 「迦茵小傳」(H.R. Haggard "*John Haste*"에 魯迅이 특별한 好感을 갖고 있었기 때문에 여기서 「小傳」이란 말을 사용하지 않았나 싶다고 했다.

**6-9** 大傳 : 개인의 傳記로는 「大傳」이 없으나, 여기서는 단순히 「小傳」에 대한 말로서 쓴 것이다.

**6-10** 引車賣漿者流 : 이는 당시 北京大學을 중심으로 일어난 白話文學의 제창에 대항하여 復古主義者 林紓가 北京大學 총장 蔡元培에게 보낸 公開書翰에 「若盡廢古書, 行用土語爲文字, 則都下引車賣漿之徒所操之語, 按之皆有文法.」(「中國新文學大系」建設理論集 「附林琴南原書」)라 한 말에서 由來된 것이다.

**6-11** 不入三教九流的小說家 : 「三教」는 儒·佛·道 三教. 「九流」는, 「漢書」藝文志에 의하면 儒家者流·道家者流·陰陽家者流·法家者流·名家者流·墨家者流·縱橫家者流·雜家者流·農家者流·小說家者流의 十流가 있는데, 「諸子 十家 중에 볼 만한 것은 九家뿐이다. (諸子十家, 其可觀者九家而已.)」라 하여 小說家者流를 그 존재를 인정할 수 있는 九家의 축에서 제외했음을 말한 것으로, 이는 中國人의 전통적 小說輕視觀에 대한 불만의 토로라 하겠다.

**6-12** 閒話休題言歸正傳 : 이야기꾼(說書的)들이 사용하는 常套語. 中國의 古代 章回小說에도 흔히 나오는 말로, 예로서 清代小說 「兒女英雄傳」 제22回에 보면 『閒話休提, 言歸正傳, 却說……』라 했는데, 「題」는 「提」와 마찬가지이다.

**7-1** 「書法正傳」 : 이 책 이름에 보인 「正傳」 두 글자는 「정확한 傳授」라는 뜻으로, 傳記 의미의 「正傳」이 아니므로 발음도 [ㄓㄨㄢˋ zhuàn]이 아니라 [ㄔㄨㄢˊ chuán]이다.

**7-3** 姓趙 : 이 小說에서 趙라는 姓은 뒤에 나올 錢太爺와 마찬가지로 「百家姓」(p.9 註⑬에 後述할 것임)에 「趙錢孫李, 周吳鄭王……」이라 한 冒頭의 두 姓에서 따온 것이다. 그러나 周遐壽의 「魯迅小說家的人物」 p.66에 의하면, 趙는 「狂人日記」 중의 趙貴翁과 「風波」 중의 趙七爺처럼 반동적인 舊派의 人物을 나타내는 데 쓰이고, 錢은 新派의 人物을 나타내는 데 쓰이고 있다 했다.

**7-4** 秀才 : 科擧時代 科目의 이름으로 漢나라 때부터 시작되었고 唐代에는 明經·進士와 并設되었었는데, 宋代에는 科擧에 應試한 사람을 다 秀才라 하고 明·清代에 이르러서는 縣學에 入學한 生員을 일컫는 말로 쓰였다. 이 소설의 背景은 清末이므로 縣學生員의 의미로 쓰인 것이며, 「進了秀才」라는 表現을 쓴 것도 이 때문이다. 그리고 清朝의 科擧制度에는 科擧에 응시하려면 먼저 秀才 자격을 따야 하고, 또 이 秀才는 縣이나 府에서 행하는 豫備試驗에 합격한 사람 중 中央에서 파견한 學正의 시험에 다시 합격한 사람으로서, 이들은 縣學의 생도로 편입되어 3년마다 北京 및 15군데에서 실시되는 鄉試 준비를 한다. 이 鄉試에 합격한 사람은 擧人이라고 한다.

**7-5** 黃酒 : 이 술의 最上品은 찹쌀을 原料로 한다고 한다. 上海地方에서는 이를 「紹興酒」 또는 「紹興老酒」라 하고 그밖의 外省人들은 「黃酒」 또는 「老酒」라 한다(「上海人學習普通話手册」 p.65)고 하는데, 현재 臺灣에서도 「紹興酒」는 생산되고 있다.

**7-6** 這于他也很光采 : 여기서 「于」는 「對于」의 文言的인 표현방법이다. 당시에 이미 「對于」라는 介詞도 쓰이고 있었으나, 여기서는 地方的인 語套의 특색을 살려 文言 내지는 舊白話的인 방법으로 쓴 것이다.

**7-7** 本家：姓의 考證에 이처럼 힘을 기울이는 것은 中國社會에서는 姓이 매우 중요하기 때문이다.

**7-8** 排起來：이 소설에서는 항렬을 따져본 결과 「그가 秀才보다 3대가 높다(他比秀才長三輩)」고 했으니까 곧 秀才의 曾祖父벌이 된다는 말이다. 같은 항렬의 兄弟인 경우에는 그 行列字를 붙여 「某字排」라고 한다. 예를 들어 李國仁·李國忠·李國信이란 형제가 있다면 이들은 「國字排」라 할 수 있는 것이다.

**7-9** 肅然的：보통 「～然」의 構造로 된 말에는 「～的(地)」를 붙이지 않으나, 白話에서는 간혹 붙여서 쓰기도 한다. 例：忽然＝忽然的(地). 自然＝自然的(地). 猛然＝猛然的(地).

**7-10** 地保：清代에 10戶를 牌라 하고 10牌를 保라 하여 그 保의 長을 地甲 또는 保正·地保라고 불렀다. 곳에 따라서는 總甲 또는 地方 등으로도 불리워졌다. 民國이후에 있은 保長에 해당된다. 이 地保의 주요 직책은 원래 犯罪의 摘發, 人口의 移動 등을 縣衙에 보고하는 것이었으나, 대개 그 고장의 건달들 중에서 선발되고 파락호 같은 기질이 농후했으며 地方有志에게 빌붙어 일반 대중을 억압하는 앞잡이 노릇 하기가 일쑤였다. 이 소설에서도 趙씨 일가가 地保를 통해 阿Q를 不當하게 대함으로써 그 존재가 어떤 것인가를 엿볼 수 있다.

**7-12** 你這渾小子：「你這……」는 욕할 때 흔히 쓰는 형식. 「渾」은 바보·얼간이. 「小子」는 자식·새끼. 官吏들이 우매한 民間人을 욕할 때 흔히 쓰는 말이다.

**7-13** 愈看愈生氣了：「愈～愈～」는 「～하면 할수록 ～하다」의 뜻으로 「越～越～」와 같이 쓰이며, 보다 文章語的이다.

**8-2** 謝了地保二百文酒錢：「謝」에는 感謝와 謝罪의 뜻이 다 있는데 여기서는 후자의 의미로 쓰였다. 「文」은 清代에 통용된 돈의 최소 단위로 「一文」은 銅錢 한 잎을 말한다.

**8-5** 不該如此胡說的：「不該～」는 그렇게 해서도 또 있어서도 안되는데 그렇게 해버렸을 때에 흔히 사용된다. 「～的」는 不變의 語氣를 나타낸다.

**8-6** 著之竹帛：「竹」은 竹簡, 「帛」은 견직물로서, 종이가 발명되기 이전의 옛 中國에서는 이러한 것에다 글씨를 썼다. 出典은 「呂氏春秋」 中春記에 「竹帛에 기록하여 후세에 전한다.(著乎竹帛, 傳乎後世.)」라 한 데서 시작된다.

**8-7** 阿桂：「桂」는 「貴」와 同音. 만약에 號를 「月亭」이라 했거나 中秋節(秋夕)이 들어 있는 음력 8월에 생일을 지낸 적이 있다면, 고래로 달에는 桂樹나무가 있다고 전해오고 月面의 그림자 부분을 계수나무라 하여 흔히 달을 가리켜 「桂輪」 또는 「桂魄」이라 하기 때문에, 주인공의 이름을 「阿桂」라고 단정할 수 있을 것이라는 말이다. 원래 中國에서는 名·字·號 또는 別名을 붙일 때 각기 관계있는 글자를 쓰는 것이 통례이다. 「阿」는 中國의 남부지방에서 특히 아이들 이름 위에 붙이는 接頭辭로 흔히 쓰인다.

**8-8** 未嘗散過生日徵文的帖子：생일에 초청을 받은 사람은 당사자를 칭찬하는 내용의 祝賀詩文을 써 가지고 가는 습관이 있었다.

**8-10** 阿貴：中國에서는 자신의 名·字·號 등에서만이 아니라 兄弟의 이름도 서로 관계있는 글자를 골라 붙이는 것이 상례여서, 老兄이나 令弟의 이름 중에 阿富라는 사람이 있다면, 「富貴」라는 말에서 보이는 바와 같이 관계있는 글자를 쓴 「阿貴」로 주인공의 이름을 단정지을 수 있다는 말이다.

**9-1** 其餘音Quei的偏僻字樣：예로서 匱·檜·瑰·跪·劊 등의 글자가 있으나 이름字로는 적합치가 않다.

**9-2** 更加湊不上：「更加」의 「～加」 構造는 「愈加」「益加」처럼 다 「한층 더, 점점」의 뜻으로 文章語的인 표현방법이나, 「更加」는 근래에 와서 口頭語에서도 많이 쓰인다. 「湊不上」은 「湊得上」의 否定으로, 「잘 들어맞지 않다, 적당치 못하다」 하는 뜻이다.

**9-3** 茂才：後漢 때 光武帝의 이름이 劉秀여서 이를 避諱하여 「茂才」라 했는데, 이 때문에 후세에도 간혹 秀才를 茂才라 불렀다. 여기서 일부러 「茂才」란 말을 쓴 것은, 일반 사람들이 잘 모르고 게다가 별로 대단치도 않은 典故를 사용하고서 혼자서 득의양양해 하는 復古취미를 가진 사람들의 교만함을 풍자한 것이다.

**9-4** 博雅如此公：文言的인 표현으로서 역시 시니칼한 語感을 준다. 여기서 「博雅」란 학식이 높고 성품이 고상하여 德行이 더 말할 나위 없거나 또는 그러한 사람을 말한다.

**9-5** 陳獨秀：日本 東京高師를 졸업하고 귀국, 고향에 돌아와 安徽高等學堂 教務長으로 있다가 革命에 가담했다. 革命 失敗 후 1915년 上海에서 「新青年」誌를 창간하고, 특히 1916년 蔡元培가 北京大學 總長으로 있을 때 同大學 文科科長으로 있으면서 胡適·錢玄同 등 北京大學 교수들과 함께 「新青年」誌를 통해 新思想·新文學 운동의 지도자적 역할을 했다. 그는 또한 1920년 中國共產黨 創設者의 한 사람으로 활약하여 1923년에는 同黨 總書記가 되었으나 1929년에 除名되고, 1932년에는 國民政府에 의해 체포 감금되었다가 2차대전 발발과 함께 1937년에 석방되어 그 이듬해 國民黨籍을 회복하였으나 抗日戰 중 四川에서 不憂 속에 死去했다. 「獨秀文存」 등 많은 著書가 있다.

**9-6** 「新青年」：처음에는 「青年雜誌」란 이름으로 창간하여 이듬해에 「新青年」이라고 誌名을 改稱했다. 당시 孫文에 의한 革命의 成果가 袁世凱를 巨頭로 한 軍閥들에게 빼앗겨 知識人들은 허탈상태에 빠졌다. 이때 陳獨秀는 그들에게 하나의 方向을 제시해 주기 위하여 이 잡지를 간행, 封建的인 束縛을 모두 타파하고 時代와 함께 나아갈 것을 호소하고, 새로운 文化의 創出을 계속 제창했다.

**9-7** 提倡洋字：「新青年」 4卷 4號(1918.4.)에 錢玄同의 「中國今後之文字問題」란 논문이 실리고 여러 차례 에스페란토에 관한 文章이 보이는 등, 「新青年」이 漢字를 폐지하고 로마字로 고쳐쓰는 문제를 논의한 적이 있는데, 「洋字를 제창했다」는 것은 바로 이를 두고 이르는 말이다. 「洋字」라는 말은 國粹派들이 로마字를 야유해서 한 말이다.

**9-8** 國粹淪亡：「新青年」이 낡은 傳統과 봉건적인 속박에서의 脫却을 부르짖은 데

반하여 林紓 등은 國粹를 보존시켜야 한다고 소리높이 외쳤다. 魯迅은 1918년에 「우리에게 國粹를 보존시키라 하려면 國粹도 우리를 보존시키지 않으면 안된다」고 반박했다. (「墳」 隨感錄 三十五 참조)

9-9 生怕 : 옛 口頭語 어휘로 生恐·深怕·甚怕·只怕 등으로도 쓰인다. 「深怕」에 대해서는 다음에 또 나온다(p.32 註⑦).

9-10 注音字母 : 漢字를 대신하거나 아니면 漢字의 발음을 표기하는 방법으로서 가지가지의 表音文字가 淸末부터 널리 퍼졌는데, 民國 수립 이후에는 漢字의 音을 표기하는 것으로서 1913년에 敎育部 讀音統一委員會에 의해서 확정되고 1918년에 敎育部가 이를 公布함으로써 전국에 실시되어 國語運動 등에 중요한 역할을 했다. 字母數는 〔ㄅ b〕〔ㄆ p〕〔ㄇ m〕〔ㄈ f〕 등 子音·母音을 모두 합쳐서 39字였는데, 후에 北京語를 標準語로 정한 다음 北京音에 맞춰 子音 중 〔万〕〔兀〕〔广〕를 없애고 母音 중 〔ㄛ o〕를 〔ㄜ e〕와 구별하여, 子音 21字 母音 16字 모두 37字를 확정해서 오늘에 이르렀다. 그리고 1930년에는 이를 「注音符號」라 改稱하여 순전히 漢字에 從屬됨을 분명히 했다.

9-11 是阿Q的籍貫了 : 여기서 「了」가 名詞 다음에 쓰였는데, 이러한 경우는 「～가 되었다」는 뜻으로 풀이된다. 즉 「이번에는 阿Q의 出身地를 얘기할 차례가 되었다」는 말이다.

9-12 郡望 : 郡은 古代 行政區域의 명칭으로, 秦나라가 中國을 통일한 이후 封建制를 폐지하고 郡縣制를 실시하였다.

9-13 「郡名百家姓」 : 「百家姓」은 宋의 吳越錢氏 때 民間에서 만들어진 것으로 單姓 408개와 複姓 30개를 四言韻語로 連綴하여 아동들에게 암송하기 쉽도록 했다. 明·淸代에 와서 改編本도 나왔다. 「郡名百家姓」은 「百家姓」의 일종으로, 姓마다에 郡名을 붙여 그 姓의 근원이 古代의 어느 곳이었나를 나타내 준다. 예를 들어 趙씨는 天水, 錢씨는 彭城 같은 것이 바로 그것이다.

10-14 有乖史法 : 傳記를 쓰는 전통적인 기준에 따르면 대상인물의 出身地를 「某省某縣人」이라 하는 것이 통례이고, 未莊과 같이 어디에 있는지 잘 알지도 못하는 작은 촌락의 이름을 붙이는 경우는 없기 때문에 하는 말이다.

10-1 聊以自慰 : 여기서 「以」는 원래 「～에 의해서」 「～한 이유」란 뜻이 있으나, 그러한 의미는 이미 弱化되고 이제는 관용적으로 쓰이고 있다.

10-2 「阿」字非常正確 : 「阿」는 흔히 中國 남부지방에서 사람의 이름 같은 것 앞에다 붙여쓰는 일종의 接頭辭인데, 魯迅이 이런 것에까지 考證的인 敍述方法을 취한 것은 뒤에 나올 胡適 등의 學風에 대한 야유로서 諧謔的으로 쓴 것이다.

10-3 就正于通人 : 「論語」 學而篇에 「就有道而正焉, 可謂好學也. (德이 있는 사람에게 나아가 가르침을 받으면 學問을 좋아한다고 할 수 있다.)」라 했는데, 여기서의 「就有道而正焉」을 「就正于有道」라고 또 「就正于通人」을 「就通人而正焉」이라 고쳐쓴다면 같은 말임을 알 수 있다. 보통 詩文 등을 다른 사람에게 보아달라고 할 때에 쓰인다.

**10-4** 歷史癖與考據癖：胡適 일파의 學風을 두고 이르는 말인데, 胡適 자신도 1923년에 펴낸 「國學季刊」의 發刊宣言 및 「治學方法與材料」 등의 글에서 자기 學風에 歷史癖과 考據癖의 偏向이 있음을 公言한 바 있다.

**10-5** 胡適之：政府留學生으로 渡美하여 컬럼비아大學에서 修學하고, 1917년에 귀국하여 北京大學 교수로 있으면서 오랫동안 新文化運動의 중심적 존재가 되었다. 戰後에는 北京大學 總長과 駐美大使를 역임한 바 있으며, 臺灣에 돌아와서는 中央研究院 院長으로 있었다. 자신의 學風이 歷史癖과 考據癖이 있다고 하기는 했지만, 1917년 1월 1일 발행의 「新青年」 2卷 5期에 그가 美國으로부터 寄稿한 「文學改良芻議」는 文學革命의 導火線이 되었다. 著書에는 「胡適文存」「白話文學史」「中國哲學史大綱」 등이 있다.

**10-6** 却又怕早經消滅了：文言으로 써야 할 傳記를 白話로 쓴 데다가, 阿Q와 같이 이름없는 人間을 쓴 것이 오래 남을 리 없다고 말하고 있지만, 물론 反語的인 의미를 품고 있다 하겠다.

**10-7** 優勝記略：「記略」은 큰 事件의 대략의 記錄을 말하는데, 阿Q에 대하여 이러한 낱말을 쓰는 것은 어울리지 않는다. 여기서도 풍자적인 말로 쓰인 것이며, 「優勝」은 本文 중에 나오는 소위 精神的 勝利를 말한다.

**10-10** 人們之于阿Q：「人們于阿Q」 즉 「人們對于阿Q」에 「之」를 넣어 名詞化한 말로, 提示性을 분명히 하기 위해서 이와 같은 文言的 표현방법을 쓴 것이다. 「孟子」 梁惠王章句 上에서 「寡人之於國也, 盡心焉耳矣.(寡人이 나라를 다스림에 있어 온 정성을 다하고 있다.)」라 한 말도 같은 例라 할 수 있다.

**11-2** 闊得多啦：「～得多」는 程度補語로서 비교한 결과 심한 차이가 있을 때에 쓴다. 「闊多啦」라고도 하며, 이 편이 더 北方語的이다. 「啦」는 「了啊」의 音을 줄인 형태로서, 이 「了」는 비교한 결과 그렇게 되었다는 어감을 나타낸다.

**11-5** 做短工：「短工」은 하루하루의 품삯 또는 請負로 농사나 방아찧는 일 등에 종사시키기 위해 임시로 고용한 농촌노동자이다. 그래서 뒤에 「工作略長久時, 他也或住在臨時主人的家裏.」란 말이 나온다. 이와 반대로 상시 고용한 노동자는 「長工」이라 한다. 「越諺」에 보면 「短工, 割麥種田及幫忙暫雇者.(短工은 보리베기·씨뿌리기 및 잠시 일을 거드는 사람이다.)」라 했고, 또 「吳中田家久傭於人者曰長工, 暫傭者謂之短工, 挿蒔者謂之忙工.(吳나라 농가에서 남의 집에 오래도록 고용된 사람을 長工이라 하고, 잠시 고용된 사람은 短工이라 하며, 모를 심는 사람은 忙工이라 한다.)」라 했다. 魯迅의 「故鄉」에는 「短工」「忙月」「長年」이라 하여 구분하기도 했다.

**11-10** 赤着膊：「赤」은 옷이나 입을 것을 전혀 걸치지 않은 벌거벗은 상태를 말한다. 예를 들어 「赤脚」는 맨발, 「赤體」는 알몸이다. 「着」는 持續態助詞.

**11-16** 文童：科擧時代에 秀才(p.7 註④ 참조)가 되기 위하여 즉 縣이나 府의 학교에 입학하려고 시험공부하고 있는 학생을 보통 「儒童」이라 하는데, 「文童」 또는 「童生」이라고도 불리웠다. 秀才가 되지 못하면 아무리 나이가 많아도 이렇게 불렀다.

**12-1** 夫文童者, 將來恐怕要變秀才者也：科擧試驗에 흔히 이용되는 八股文의 냄새를

풍기려고 했다. 또 「夫~者也」란 文言을 써서 표현을 과장시킨 데다가 중간에 「恐怕要~」 같은 白話를 섞어 文白混用體로 쓴 것은 文童이나 秀才가 대수롭잖은 文言知識을 자랑하는 데 대한 풍자이며, 아울러 당시의 文言擁護者들을 비꼰 것이라 하겠다.

12-14 頗有幾處不知起于何時的癩瘡疤 :「頗」가 긍정으로 쓰일 때는 「상당히」의 뜻이 된다. 그리고 「處」는 「癩瘡疤」의 量詞이고, 「不知起于何時的」는 「癩瘡疤」를 수식하는 말이다. 「癩瘡疤」는 「癩疤」 또는 「癩頭瘡」이라고도 하는데, 머리에 나는 일종의 脫毛性 피부병이다.

13-2 不問有心與無心 : 여기서의 「~與~」는 「~或~」를 쓰는 편이 논리적이라 하겠는데, 文言이나 舊白話에서 이러한 用例를 흔히 찾아볼 수 있다.

13-5 怎麼一回事 :「回」는 量詞인데, 量詞 앞에 「一」가 올 때는 이 「一」를 흔히 생략해 쓰기도 한다. 즉 「怎麼回事」라 하기도 한다.

13-7 原來有保險燈在這裏 :「原來」는 그것이 狀語로 쓰일 때에는 그때까지 분명하지 않았던 일이나 물건을 갑자기 알게 되었을 때, 즉 「그런 줄 몰랐더니 알고 보니~」 하는 뜻으로 쓰인다. 「保險」은 「安全」의 뜻으로, 예를 들어 「保險箱」이라 하면 鐵板으로 상자를 만들어 중간에 耐火材를 넣어서 金錢이나 貴重文書 등을 보관하는 金庫 같은 것을 말한다.

13-9 你還不配…… :「~有我這樣癩頭瘡(네깐놈은 나처럼 머리부스럼 자국도 가질 자격이 없어).」라고 할 말을 「……」으로 삼켜버리고 만 것이다.

13-10 並非~ :「非」는 여기서의 경우처럼 「並」과 맺어질 때에만 「不是」 대신에 쓰인다. 이것은 「並十否定詞」型의 慣用句가 아직 「非」가 쓰이고 있던 시대에 이미 확립되어 있었기 때문으로, 文章語에 많이 쓰인다. 「並無」가 口頭語에 아직 남아 있는 것도 같은 이유 때문이다.

14-3 至于 : 이는 南方語的인 用法이고, 北方語에서는 提示用으로만 즉 「~에 있어서는」 하는 말로 쓰인다.

14-5 心滿意足 :「滿足」을 4字로 써서 成語的인 표현을 한 것인데, 곧 「心意가 滿足하다」는 말로 분석할 수 있다.

14-6 站了一刻 : 여기서 「一刻」는 약간 文章語的인 표현으로, 「15分」의 시간을 말하는 것은 아니다.

14-8 被兒子打了 : 상대방을 아들로 치면 자신은 아비가 되므로 優位에 서게 된다. 그래서 때린 쪽이 자기보다 손아랫사람이 되므로 여기서 승리감을 느끼고, 이것은 곧 阿Q의 「精神的 勝利」로 연결된다.

14-14 這回可遭了瘟 :「可」는 强調 내지는 事態가 틀림없음을 나타낸다. 「瘟」은 원래 급성전염병을 뜻하는 말이다.

15-2 狀元 : 鄕試에 합격한 사람을 擧人이라 하고(p.7 註④ 참조), 擧人이 서울에서 실시하는 會試에 합격하면 貢士라 한다. 이 貢士들은 天子 자신이 主宰하는 殿試를 받게 되고, 여기에 합격한 사람을 進士라 하는데, 그 首席合格者를 곧 狀元 또 龍

頭라고 불렀다.

**15-8** 押牌寶 : 「押」는 돈을 거는 것. 「牌寶」는 골패를 이용하는 일종의 도박으로, 골패를 통 속에 넣어 뚜껑을 덮고 그 牌의 이름을 알아맞춰 승부를 정하는 것이다.

**15-9** 聲音他最響 : 「他聲音最響」이라 할 경우와 달리, 여기서의 「聲音」은 도박을 하고 있는 사람들의 소리를 말한다.

**15-10** 青龍 : 周遐壽의 「魯迅小說家的人物」 p.71에 의하면, 天·地·人·和 넉장의 牌 가운데 하나를 통 속에 넣어 이것을 알아맞추게 하는 것으로, 本文 중에서 물주가 떠드는 소리로 쓰인 文句는 牌寶놀음할 때 쓰이는 말이 아니라고 했다. 魯迅은 이 놀음을 볼 기회가 없어 그냥 기억에 남아 있는 대로 적었을 따름이라는 것이다. 또 一說에는 이는 통 속의 주사위에 보인 수를 알아맞추는 도박에 각기 건 돈을 놓는 장소를 말한다고 한다. 즉 青龍은 통을 향하여 오른쪽, 天門은 그 건너편쪽, 角는 그 좌우의 구석쪽, 人은 그 왼쪽, 그리고 穿堂은 그 중앙을 말한다. 그리고 또 青龍은 清朝時代 銅貨의 별명으로 四百文을 뜻한다고도 한다.

**16-5** 輸入~腰間 : 「腰間」이란 말을 쓴 것은 中國人은 허리 부근 즉 바지 허리춤 안쪽의 주머니에 돈을 넣기 때문에 쓴 말이다.

**16-8** 塞翁失馬安知非福 : 「人間萬事가 塞翁之馬」라고 하여, 모든 것이 轉轉無常해서 人生의 吉凶·禍福이란 항시 바뀌어 알 수 없다는 말에서 나왔다. 이 말의 出典은 「淮南子」 人間訓인데, 잘 알려진 故事이므로 그 原文만을 摘出해 소개하면 다음과 같다. 「夫禍福之轉而相生, 其變難見也. 近塞上之人, 有善術者. 馬無故亡而入胡, 人皆弔之. 其父曰 : 『此何遽不爲福乎?』 居數月, 其馬將胡駿馬而歸, 人皆賀之. 其父曰 : 『此何遽不能爲禍乎?』 家富良馬, 其子好騎, 墮而折其髀, 人皆弔之. 其父曰 : 『此何遽不能爲福乎?』 居一年, 胡人大入塞. 丁壯者引弦而戰, 近塞之人, 死者十九. 此獨以跛之故, 父子相保. 故福之爲禍, 禍之爲福, 化不可極, 深不可測也.」

**16-11** 聽得 : 「聞得」(냄새가 나다. 들리다.)·「看得」(보이다. 눈에 들어오다.) 등과 같은 구조로, 여기서는 可能의 뜻은 없다. 「聽見」「聞見」「看見」과 같다. 옛 白話體에서 많이 볼 수 있다.

**16-12** 贏而又贏 : 「而」도 「又」도 다 중복을 나타낸다. 「賣而又賣」(팔고 또 팔다. 팔아버리다.)도 같은 예이다. 「~而又~」를 口頭語에서는 보통 「~了又~」로 나타내고, 따라서 위의 말은 「贏了又贏」「賣了又賣」로 표현한다.

**16-14** 大洋 : 中國의 銀貨는 원래 「元寶」(p.54 註④에 나옴)라고 하여 말발굽 모양으로 주조해서 사용했다. 圓形의 銀貨는 中國에서 직접 주조해 쓰기 전까지는 멕시코 銀貨를 사용, 이 때문에 이후 銀貨는 외국에서 온 것이란 의식이 작용하여 이를 「洋錢」이라 하고 다시 이를 약하여 「洋」이라고 했다. 그리고 10錢 단위의 것은 「角洋」, 元 단위의 것을 「大洋」이라 하게 된 것이다.

**16-15** 成了疊 : 「疊」는 일종의 量詞 구실을 하는 말로 그 뒤에 「大洋」이 중복을 피하기 위해 생략된 것이라고 볼 수 있다. 「一疊磚」(하나씩 쌓아올린 벽돌)의 경우

와 마찬가지이다.

17-1 打起架來:「打架」가 싸우다,「起來」는 그 補語인데「起」가 動賓構造로 된「打架」의 動詞 뒤 賓語 앞에 쓰인 예이다.

17-2 昏頭昏腦的一大陣:「～的」는「～地」, 즉 상태를 나타내는 助詞로서「～然」과 같은 뜻이다. 갑작스런 욕소리, 매리는 소리, 발자욱 소리 등이 판단력을 잃게 하였음을 말하는 것으로서 그 소동을 직접 서술하는 말은 아니다.「昏頭昏腦」는「頭」와「腦」즉「頭腦」가 動詞인「昏」(어둡게 하다)의 賓語로 쓰인 형식이다.

17-3 不見了:「見」은 볼 의사가 없어도 눈을 뜨고만 있으면 사물이 눈에 들어와 보이는 상태, 즉「보인다」는 뜻이다.

17-4 挨了幾拳幾脚:「挨」는「受」의 뜻으로,「挨打」(얻어맞다)·「挨罵」(욕먹다)·「挨說」(꾸중듣다) 등과 같이 쓰인다. 물주(樁家)가 돈을 잃으면 놀음꾼끼리 싸우게 하거나 가짜 경찰이 와서 놀음꾼을 검거하게 하거나 하여 소란을 피워놓고 그 틈에 잃은 돈을 빼앗아 가곤 하는데, 阿Q가 이와 같은 소동에 휩싸인 것을 말한다.

17-6 趕賽會的賭攤:이 경우「趕」은「趕趁」(한 밑천 잡으려고 하다)의 그것과 같고,「趕集」(장에 가다)의 그것과는 구별된다.

17-7 尋根柢:「多不是本村人, 還到那裏去尋根柢呢?」는「대부분이 그 마을 사람이 아니므로 새삼스레 어디 가서 일의 결말을 내렸으면 좋겠는가?」하는 말로,「犯人을 찾을 길이 없음」을 말한다.

17-10 熱剌剌的:「剌剌」는 擬聲字로 흔히 쓰이는데,「刮剌剌」(와르르) 같은 것도 그 한 예이다.

18-1 然而:여기서는 逆接 즉「그러나」의 뜻으로 쓰이지 않고 順接으로 쓰인 접속사이다.

18-2 待蒙趙太爺打他嘴巴之後:「待～」는「等到～」의 文言的인 표현.「蒙」은 아랫사람이 윗사람으로부터 厚意를 받을 때에 쓰는 謙讓語로서,「蒙您邀請, 感謝得很.(당신의 초청을 받아 매우 감사합니다.)」와 같이 쓰인다. 따라서 여기서는 다분히 조롱하는 뜻이 내포되어 있으며, 위의 문장을 直譯하면「趙영감이 그에게 빰을 때려준 이후에야」가 된다.

18-4 付過:여기서의「～過」는「～한 적이 있다」라는 뜻이 아니라,「～了」와 마찬가지로 단순한 완료를 나타내는 말로, 南方語에서 특히 많이 쓰이는 용법이다.

18-5 爬起身:「爬」는 기다. ex. 螃蟹横着爬:게가 옆으로 긴다. 小孩子會爬了:아이가 기어가게 되었다.

18-6「小孤孀上墳」:뜻은「젊은 과부 성묘가다」이고, 일명「小上墳」이라고도 한다.「寡婦」란 말을 南方에서는「孤孀」이라고도 한다.

18-7 高人一等:여기서「高」는 動詞,「人」은 賓語,「一等」은 補語로 쓰인 것이다.

18-8 這在阿Q:「在」는 앞에서 이미 註釋한 文言助詞「于」(p.7 註⑥)와 같다.

18-10 張三·李四:만담 속의 人物을 흔히「熊公」「八公」「留公」「吉公」등으로 부르는데, 역시 같은 경우이다. 이름에 숫자가 들어간 것은 형제의 항렬 순서(p.7 註

⑧참조)를 나타낸 것이다. 宋代 王安石의 「擬塞山詩」에 「張三袴口窄, 李四帽簷長. (張三의 바지통 좁고, 李四의 모자차양 길다.)」의 「張三·李四」도 같은 예라 하겠다.

**18-13** 載上他們的口碑:「載上口碑」를 「上人口碑」라고도 한다. 「口碑」는 口傳된다는 뜻으로, 마치 어떤 일이 石碑에 새겨져 사람들에게 전해져 내려가는 것과 같이 사람들의 입에 오르내리는 것을 말한다.

**19-1** 所以者何:존경감을 주는 표현을 씀으로써 다음의 「就因爲趙太爺是不會錯的. (趙영감은 틀릴 리가 없기 때문이다.)」와 연결되어 마치 禪問答과 같은 맛을 내준다.

**19-4** 太牢:원래는 羊과 豕(돼지) 二牲을 少牢라 하고, 여기에 牛(소)를 하나 더한 것이 太牢였는데, 나중에는 소만을 뜻하게 되었다.

**19-7** 妄動:여기서는 「깊이 생각지 않고 마음대로 행동한다」는 뜻과는 달리, 젓가락(筷子)을 함부로 댐을 말한다.

**19-9** 在那裏赤着膊捉蝨子:「在那裏」는 이 경우 반드시 장소를 나타내는 말이라기보다 場所感을 주어 動作의 進行을 나타내는 데 쓰여졌다고 할 수 있다.

**19-10** 又癩又鬍:「鬍」는 턱수염. 입언저리·턱·뺨의 털을 鬚라 하는데, 이는 단독으로 쓰이지 않고 수염을 말할 때에는 「鬍鬚」라 한다. 여기서는 「鬍」를 형용사로 쓴 것이다.

**19-11** 刪去了一個癩字:阿Q는 「癩」 또는 그와 비슷한 音이나 뜻을 가진 말을 입에 담기 싫어했기 때문에 다른 사람이 「王癩鬍」라고 부르는 것을 그만은 「王鬍」라고 부른 것이다.

**20-7** 好容易:「好大」「好久」「好似」「好像」의 경우 「好」가 「很」의 뜻으로 쓰이는 것과는 다름에 주의해야 한다.

**21-1** 出言無狀:「無狀」은 곧 「無善狀」으로 「不像樣」과 같은 말이다.

**21-3** 兩手叉在腰間:「間」은 사이가 아니고, 「上」「裏」와 같이 장소를 나타내는 方位詞이다.

**21-6** 搶進去就是一拳:「就是」는 앞의 동작에 이어서 곧 다음 동작이 있음을 나타내는데, 이때의 동작은 그 동작을 할 때에 쓰는 手段을 나타내는 경우가 많다. ex. 跑來就是一脚:달려오는 즉시 한번 차다. 拿起杯來就是一口:잔을 들자마자 곧 한 모금 들이키다.

**21-10** 君子動口不動手:「越諺」·「警世之諺」에도 올라 있는 것으로 보아 魯迅의 출신지에서도 흔히 쓰였던 모양이다.

**22-1** 用力的一推:여기서도 「一」는 「一+動詞」의 형식으로 쓰여 일시에 갑자기 動作함을 나타내는 副詞이다.

**22-4** 停了考:淸末 光緖 31年(1904)에 科擧制度가 폐지되었던 것을 두고 이르는 말이다.

**22-5** 擧人:원래는 漢나라 때 인재를 등용할 경우 郡國의 守長들이 조정에 천거한

사람을 일러 「擧人」 즉 「사람을 천거한다」고 했던 것인데, 明·淸代에 와서 鄕試 합격자를 일컫게 되었다.

22-11 腿也直了 : 당시의 中國人들은 외국인이 걸음을 성큼성큼 크게 걷는 모습을 보고 외국인은 무릎의 관절이 없는 것이 아닌가 하고 생각했다 한다. 그래서 다리가 똑바르게 곧아졌다는 것은 외국인 같은 걸음걸이를 하게 되었음을 말한다.

22-12 大哭了十幾場 : 「哭」는 소리내어 울다. 「場」은 상당히 긴 시간에 걸친 한 차례를 나타내는 量詞이고, 이와 비슷한 것으로 「陣」은 단시간에 끝나는 경우에 쓰인다.

22-14 跳了三回井 : 「跳井」(우물에 뛰어들다)에 數量補語를 붙인 형식으로, 「跳河」(강에 뛰어들다) 「跳海」(바다에 뛰어들다) 「跳樓」(빌딩에서 뛰어내리다)와 같이 介詞를 수반하지 않고 장소를 나타내는 말을 직접 「跳」의 賓語로 쓸 경우에는 自殺을 목적으로 한 것이다. 당시의 中國人들에게는 辮髮이 없는 사람은 사람이 아닌 개·돼지나 다름없는 것이었다. 이런 개·돼지 같은 남자의 아내라는 것도 역시 견딜 수 없는 부끄러움이었다. 때문에 우물에 빠져 자살하려고 하였던 것이다. 뿐만 아니라 남의 아내와 密通한 남자를 벌로 辮髮을 잘라버리는 풍습이 있었기 때문에, 姦夫의 아내로 보이는 것이 부끄러워서 저지른 행위이기도 했을 것이다. 第七章에 「假洋鬼子的老婆會和沒有辮子的男人睡覺, 嚇, 不是好東西! (가짜 양도깨비의 여편네는 변발 없는 짐승 같은 남자하고만 잘 것이니까, 에이쿠, 쓸모없는 년일 거야!)」(p.54)라고 한 것도 역시 당시의 이와 같은 사고방식에 바탕을 둔 것이다.

22-15 灌醉了酒 : 「灌」은 흘려넣다. ex. 灌了一瓶葯水 : 한 병의 물약을 입에 흘려 넣었다.

22-16 等留長再說 : 「等～再說」는 「～하고 나서 보자」는 뜻이다. ex. 等他回來再說 : 그가 돌아오거든 보자. 「留」는 保存의 의미를 지니고 있다. ex. 留鬍子 : 콧수염을 기르다.

22-17 偏稱他～ : 「偏」은 의외의 동작을 나타내거나 상대방의 뜻에 反하여 쓰는 말투이다.

23-1 假洋鬼子 : 서양 사람을 욕하는 말로 「洋鬼子」라 했는데, 여기에 「假」자를 붙인 것은 그 서양 사람 흉내를 내고 다니는 사람이라는 뜻에서 이르는 것이다.

23-3 肚子裏 : 「肚子」는 배를 뜻하고, 胃를 俗稱해서 쓰기도 하는데, 여기서는 「心裏」라 써야 할 것을 약간 卑下해서 쓴 것이다.

23-6 假辮子 : 당시 외국에 유학한 사람들 중에는 淸朝에 대한 혁명적인 태도를 분명히 하기 위해 변발을 잘라버린 사람이 많았다. 그러나 귀국 후에는 변발 없이 淸朝의 관리가 될 수 없었기 때문에 上海 근처에서 가발로 만든 변발 모자를 사서 둘러썼다. 魯迅의 小說 「頭髮的故事」를 보면 자세한 설명이 나온다.

23-7 辮子而至于假 : 「而」은 「左傳」 襄公 30年條의 「子產而死, 誰其嗣之? (子產이 죽는다면 누가 그 대를 잇겠는가?)」의 경우와 같이 「如」와 통용된다.

23-9 驢 : 「驢養的」 「驢肏的」 등으로 써서 흔히 욕으로 쓰인다. 또한 중에 대한 욕

으로 「禿驢」(털빠진 당나귀)란 말도 있다. 이 작품에서 「禿兒. 驢……」라 한 것은 이 후자의 용법에 따른 것이라 할 수 있다.

**23-11** 哭喪棒：너무나 비통해 한 나머지 몸이 쇠약해져서 이 지팡이에 기대야만 겨우 몸을 지탱해 설 수 있다는 뜻을 나타내는 것으로, 보통의 지팡이보다 짧은 막대기에 테입처럼 오린 종이를 둘둘 말아서 쓴다. 이것으로 맞으면 재수가 없다고 한다. 이를 南方에서는 「哭竹棒」이라고도 하며, 보통은 「哀杖」이라 한다.

**23-15** 我說他：인칭대명사 「他」가 동사 「說」의 직접목적어로 쓰였기 때문에 「나는 저 사람에게 말하다」라고는 풀이할 수 없다.

**24-4** 伊：「他」라고만 쓰면 남녀의 구별이 없기 때문에 五·四 이전부터 그녀의 경우에는 「伊」를 써왔으나, 얼마지 않아 「她」로 통일되었다. 魯迅의 출신지인 紹興에서 제 3 인칭을 지칭하는 말로 「伊」를 쓴다고 하는데, 이 경우는 「그녀」의 뜻과 상관없는 것일 것이다. 六朝時代에 제 3 인칭으로 「伊」를 쓴 예가 있었다.

**25-1** 動不得：「動得」(닿아도 괜찮다)의 반대말. 「～不得」는 금지의 어감을 나타낸다. ex. 吃不得：먹을 수 없다. 즉 먹으면 안된다.

**25-2** 爲滿足那些賞鑒家起見：「爲～起見」은 「～을 위해서」란 뜻으로 목적을 나타내며, 때때로 「～때문에」란 뜻으로 원인을 나타내는 경우도 있다. =爲～着想. 「賞鑒家」는 감상가, 여기서는 구경꾼 정도의 의미이다.

**25-5** 這斷子絕孫的阿Q：후손이 끊긴다는 것은 곧 가문의 단절을 의미하므로 가장 극단적인 욕으로 간주된다. 第四章에 「不孝有三無後爲大.(불효에 세 가지가 있는데 그중 자식 없는 것이 가장 큰 불효다.)」(p.26 註⑧)라 한 말도 나온다.

**25-6** 九分：앞줄의 「十分得意的笑」(아주 만족해서 웃었다.)」에 나온 「十分」에 對比해서 쓰인 말로 「十分」만은 좀 못하다는 의미를 담은 造語이다. 즉 술집에 있던 사람들도 만족하게 웃기는 했지만 阿Q만큼 만족할 수는 없었다는 것이다.

**26-1** 臣誠惶誠恐死罪死罪：신하가 天子에게 올리는 上奏文 등에 흔히 쓰는 상투어로서, 신하의 몸으로 이와 같은 일을 사뢰게 됨은 황공하기 그지 없고 그 죄는 만번 죽어도 사할 길이 없다고 하는 정도의 의미이다. 「死罪」는 「該死」(마땅히 죽어야 한다)라고도 한다.

**26-2** 孤另另：「～另另」은 옆에 아무것도 없이 단 하나뿐인 모양. ex. 巍另另：山등이 하나만 높이 솟아 있다.

**26-3** 乏：「乏人」이라 하면 쓸모가 없는 사람. 「這貼膏葯貼乏了」이라 하면 이 고약은효력이 없어졌다라는 뜻이 된다.

**26-4** 中國精神文明冠于全球：淸末 列强은 군함과 대포를 이용하여 淸朝를 위협, 영토를 빼앗고 배상금을 요구하는 등 갖가지 굴욕적인 조약을 체결시키곤 했다. 이러한 외국의 침략을 받으면서도 당시 일부 관료 지식인들은 외국이 갖고 있는것은 물질문명뿐이며 中國에는 세계에서 가장 뛰어난 정신문명이 있다고 자부했다. 이 정신문명이란 곧 봉건적인 儒敎文明을 일컫는 것이며, 이 문제를 두고 당시 「新青年」誌 등이 중심이 되어 많은 논란을 폈다. 여기서 작자는 中國의 儒敎文明이 세계

제일이라고 자랑하는 지식인을 비꼰 것이다.

**26-8** 不孝有三無後爲大：「孟子」離婁 上에 「不孝有三, 無後最大.」라 하고 그 朱熹註에 「於禮不孝者有三事. 阿意曲從, 陷親於不義一也. 家貧親老, 不爲祿仕二也. 不娶無子, 絕先祖祀三也. 三者中無後最大. (禮에 불효한 것으로 세 가지 일이 있다. 부모의 뜻에 아부하여 억지로 복종해서 부모를 不義에 빠져들게 하는 것이 그 첫째이고, 집이 가난하고 부모가 늙었는데도 벼슬살이를 하지 않는 것이 그 둘째이며, 장성해서도 아내를 얻지 않아 자식이 없어서 조상의 제사 받드는 것이 끊기게 하는 것이 그 세째이다. 이 세 가지 가운데 후사가 없는 것이 가장 큰 불효이다.)」라고 하여, 자손이 없으면 조상의 제사를 받들 수 없기 때문에 가장 큰 불효라고 했다. 앞에서 「這斷子絕孫的阿Q」(p.25 註⑤)라 한 것도 이러한 사상에서 나온 것이다.

**27-9** 若敖之鬼餒而：「而」은 文言에 쓰이는 語氣助詞이다. 若敖에 관한 이야기의 出典은 「左傳」 宣公 4年條의 「鬼猶求食, 若敖氏之鬼不其餒而？(귀신 역시 먹을 것을 구하는데, 若敖氏의 귀신을 굶길 것인가?)」에서 인용한 것이다. 이 부분은 楚나라 令尹 子文 즉 若敖氏에게 子良이란 동생이 있었는데, 子良의 아들 越椒의 모습이 곰과 호랑이를 닮고 음성이 이리의 소리 같았다. 子文은 이것이 나중에 일족을 멸망케 할 人相이라 보고 子良에게 越椒를 죽이라고 하고, 만약 죽이지 않으면 훗날 若敖氏는 越椒의 손아귀에 멸망하고 그래서 그 귀신은 제사를 받들어줄 자손이 끊길 것이라고 했다. 그러나 子良은 이 말을 듣지 않아, 子文은 죽을 때 일족을 모아놓고 越椒가 자라 득세하게 되면 재난을 피하기 위해 급히 이 나라를 떠나라고 했다. 만약 남아 있다가 죽게 되면 死者의 영혼이라도 먹을 것을 구해야 하므로 나중에 제사지내줄 사람이 없어지면 귀신도 굶어 죽을 것이라고 말했다 해서 나온 말이다.

**27-1** 聖經賢傳：「經」은 聖人이 쓴 책이고, 「傳」은 賢人이 經을 해설하거나 주석한 책을 말한다. 孔子가 쓴 「春秋」를 經이라 할 경우 이를 다시 풀이한 三傳 즉 「左傳」「公羊傳」「穀梁傳」이 傳이다.

**27-2** 不能收其放心：「放心」은 現代語의 「안심하다」라는 의미가 아니고 우리말의 「放心」과 같은 뜻이다. 「書經」 畢命에 「雖收放心, 閑之維艱. (放逸한 마음을 고칠 수는 있지만 그것을 방비하기는 무척 곤란하다.)」라 한 말, 또 「孟子」 告子篇의 「放其心而不知求. (그 本心을 잃고 바른 길을 구할 줄 모른다.)」라든가 「學問之道無他, 求其放心而已矣. (學問의 길에는 다른 것이 없고 다만 잃었던 本心을 되찾는 것뿐이다.)」 라는 말에 나오는 「放心」은 다 같은 예이다.

**27-4** 女人是害人的東西：봉건사회에서는 부녀자들이 억압을 받게 마련이었으며, 봉건통치자나 봉건도덕을 옹호하는 사람들은 어떻게 해서든지 잘못의 근원을 부녀자에게서 찾아내어 모든 죄명을 뒤집어씌우곤 했다. 특히 宋·元 이후에는 理學에 근거하여 부녀자에 대한 속박을 더욱 강화했다. 작자는 여기서 역설적으로 그 근원을 이루고 있는 예를 들고 있는데, 심지어 漢代의 董卓이 架空의 여성인 貂蟬 때문에

목숨을 잃었다(註⑧ 참조)고까지 증거를 끌어다대고 있다.

**27-5** 商是妲己鬧亡的：「鬧亡」의 「鬧」는 동작이나 행위를 구체적으로 말하지 않을 경우에 쓰이고, 「亡」은 「鬧」의 補語로서 「멸망하다」가 아니라 「멸망시키다」라 하여 타동사처럼 번역된다. 妲己는 殷나라의 마지막 天子 紂王의 왕비로서 紂王은 그녀를 너무나 총애한 나머지 포악한 정치를 한 때문에 나라를 망쳤다고 한다. 「史記」 殷本紀에 『紂愛妲己, 妲己之言是從. (紂王은 妲己를 사랑하여 妲己의 말을 모두 들어주었다.)」 라는 기록이 있다.

**27-6** 周是褒姒弄壞的：「弄壞」의 句法은 위의 「鬧亡」과 같은 것이다. 褒姒는 西周의 마지막 天子 幽王의 왕비로서, 「史記」 周本紀에 보면 幽王이 褒姒의 환심을 사기 위해 누차 적이 침공해 왔다고 거짓말을 했기 때문에 諸侯들의 不信을 사 마침내 夷狄의 침입을 받고도 諸侯들의 도움을 받지 못하여 살해되고 멸망했다는 기록이 있다.

**27-8** 董卓：「後漢書」 董卓傳에 董卓이 帝位를 빼앗으려다가 義子인 呂布에게 살해되는 경위가 적혀 있다. 그러나 世傳하는 말로는 王允이라는 大臣이 貂蟬이라는 歌姬를 처음에 呂布에게 下嫁시키겠다고 약속해놓고서 董卓에게 그녀를 바쳐 두 사람 사이를 이간시켜 결국 呂布는 董卓을 죽이고 貂蟬을 되찾게 된 것이라고 했으며, 「三國演義」 第8·9回에도 董卓이 貂蟬을 溺愛하여 呂布와의 사이에 갈등이 생겨서 살해되는 이야기가 나온다. 그러나 貂蟬은 架空의 인물이다. 작자는 實在하지도 않은 女性에게 살해되어 天下를 어지럽혔으므로 實在하는 女性은 말할 나위나 있겠느냐는 魯迅 특유의 역설적인 표현을 쓴 것이다.

**27-9** 給～害死了：「給」는 앞줄의 「被女人毁掉了」에 나오는 「被」와 같이 피동으로 쓰인 것인데, 이 표현방법은 원래 南方語의 특징이다.

**27-10** 男女之大防：「禮記」 曲禮 上에 「男女不同椸架. (남녀간에는 옷을 같이 걸어놓지도 않는다).」라 하고, 「孟子」 離婁 上에 「男女授受不親禮也. (남녀간에는 주고받는 일을 직접 하지 않는 것이 禮이다.)」라 했듯, 남녀의 직접적인 접촉이나 접근을 금지한 말이 많다.

**27-11** 異端：「論語」 爲政篇에 「攻乎異端, 斯害也已. (聖人의 道 이외의 바르지 못한 說을 받아들이면 해로울 뿐이다.)」란 기록이 보인다.

**27-14** 一男一女：「一個男人(男的) 一個女人(女的)」라야 할 텐데, 男·女같이 대조적인 말인 경우에는 관습적으로 量詞를 생략한다. 「一兒一女(한 아들과 한 딸)」도 같은 예이다.

**28-1** 在那裏講話：「在那裏」는 반드시 장소를 지칭하는 말이라기보다 동작의 진행을 나타내는 말이다. 「講話」는 원래 南方語的인 표현방법이었으나, 현재는 보편화되었다.

**28-2** 勾當：舊白話에서는 반드시 否定的인 색채가 있었던 것은 아니나 현대어에서는 바람직하지 못한 것에 한정해서 쓴다. 또 「일을 하다」 라는 동사로도 쓰인다.

**28-3** 爲懲治他們起見, 所以～：「爲～起見」은 목적을 나타내는 말이므로 여기에 「所

以」가 이어지는 것은 논리에 맞지 않는다 하겠으나 이와 같은 용법을 舊白話에서는 흔히 볼 수 있다. 目的表示와 原因表示가 분명히 나누어지지 않은 것이라고 여겨진다.

**28-5** 而立 : 「論語」 爲政篇에 「吾十有五而志於學, 三十而立, 四十而不惑, 五十知天命…… (나는 열다섯살에 학문에 뜻을 두었고 서른살에 신념이 확고해져 言行에 자신이 붙었고 마흔살에 지식이 풍부해져 미혹함이 없어졌고 쉰살에 天命을 알아……)」라는 기록이 있어 孔子가 자신의 학문이 발전돼온 과정을 말하면서 30살에 학문상의 自立을 했다는 데에서 유래하여 나중에는 「而立」이란 말을 30살의 代用語로 사용하게 되었다.

**28-7** 蓋一層布 : 「層」이 「布」의 量詞로 쓰였는데, 「布」의 量詞는 원래 「塊」를 쓴다. 여기서 「層」을 쓴 것은 천이 마치 膜을 이룬 듯 표면을 엷게 덮고 있는 그 상태를 나타내려는 것이다.

**28-8** 隔一層褲 : 이 경우도 위의 「蓋一層布」와 같은 예로서, 「褲」의 量詞는 「條」를 써야 하는데 「層」으로 쓴 것이다.

**28-9** 異端之可惡 : 「異端可惡」(이단은 가증스럽다)라는 主述構造의 말 중간에 「之」를 넣어 名詞性을 갖게 했다.

**28-11** 舂了一天米 : 여기서 「一天」은 補語이다. 즉 이 귀절은 「舂了米一天」「舂米舂了一天」과 같은 句法이다. 地主階級은 쌀을 벼로 저장해 두고 필요량만을 꺼내어 白米로 찧어 먹었다. 周遐壽의 「魯迅小說家的人物」에 의하면 원래 阿Q와 같은 短工(품팔이)에게는 저녁밥을 주지 않았다고 한다.

**29-1** 旱煙 : 썬은 잎담배를 파이프에 담아 피울 때 그 연기가 물을 통해 들어오도록 장치한 것을 「水煙」이라 하고, 여기서 「旱煙」이라 한 것은 이 水煙과 구별해서 쓴 말이다.

**29-2** 掌燈 : 석양이 되어서 등불을 켜는 것이므로 저녁때를 「掌燈的時候」라고도 한다.

**29-3** 准其點燈 : 「其」는 「准」에 붙여 읽어야 하며 특별히 무엇을 가리키고 있어 쓰인 것이 아니다. 「准其」는 公文書에 흔히 쓰이는 용어로 民國에 들어선 이후에도 많이 쓰이고 있다.

**29-4** 動手 : 「君子動口不動手」(p. 21 註⑩) 「動手動脚」(p. 24 註⑩)의 「動手」와 기본적으로는 같은 말로, 곧 「손을 움직인다」는 말이다.

**29-10** 站了起來 : 「站起來」 사이에 「了」가 들어가 있으나 이는 2개의 동사를 연결시켜 주는 역할을 하는 정도로 보면 된다. 舊白話에서는 「站將起來」「站得起來」 등으로도 썼다.

**30-1** 睏覺 : 南方 사투리로 「睏」은 곧 「困」, 따라서 北方語로는 피로해서 졸린다는 의미가 된다.

**30-3** 楞了一息 : 「楞」은 「愣」이라고도 쓰며, 뜻은 얼빠지다.

**30-4** 且跑且嚷 : 「且～且～」는 동시에 진행되는 행위를 나타내는데, 보통 單音節語

를 이끄는 데 쓰인다.

**30-5** 對了牆壁跪着 :「對了」의 「了」는 「着」와 같은 역할을 한다. 南方語에서는 이런 경우 「了」와 「着」를 분명히 구별하지 않고 쓰는 예가 많다. 또한 바로 다음에 「跪着」라 해서 다시 「着」가 나오므로 중복을 피하기 위하여 「了」를 쓴 것이라 볼 수도 있다. 그러나 이 文段 끝부분에 나오는 「那秀才便拿了一支大竹槓站在他面前. (그 수재가 큰 대몽둥이 하나를 들고 그의 앞에 서 있었다.)」에서 「拿了」는 분명히 상태의 持續을 나타내므로 「拿着」라 해야 옳은 것이다.

**30-6** 忐忑 :「五音集韻」에서는 「心虛也. (마음이 허전함이다.)」라 했다.

**30-9** 你反了 :「反」은 「造反(반역하다)」을 말하는데 이는 가장 큰 죄였으므로 곧 뻔뻔스럽기 짝이 없는 짓을 했다는 정도의 의미로 볼 수 있다.

**31-1** 忘八蛋 : 中國에서는 가장 혹심한 욕의 하나로 여겨지는 말인데, 「王八蛋」이라고도 쓰이며 「蛋」자를 빼고 「忘八」「王八」라고도 쓰여 그 원래 의미의 유래가 여러 가지로 얘기되고 있다. 우선 글자 그대로 여덟 가지 즉 孝·悌·忠·臣·禮·義·廉·耻의 여덟 德目을 망각한 쌍놈이라는 말이 있고, 또 「王八蛋」이라고 쓸 경우 이를 直譯하면 「王八이 놈」이 되는데 王八이란 아내가 淫行해서 그 아내를 남에게 빼앗긴 얼간이 남편을 지칭한다는 것이며, 또 忘八나 王八는 거북이를 염오하여 한 말로 여기에다 「蛋」자를 붙여 「거북이 알」 즉 거북이 이하의 녀석이라는 뜻으로 쓴다는 것이다.

**31-2** 官話 : 明·淸代에 官界 또는 상류사회에서 사용하던 말로, 이 官話에도 각 지방에 따라 北方官話·西南官話·下江官話 등의 구별이 있다. 또 이 「官」자에는 「公共」「公用」이란 뜻도 있어 이런 뜻으로 쓸 경우에는 현재의 普通話에 가까운 의미가 된다. 지금의 표준어는 北京語가 중심이 된 北方官話를 말한다.

**31-3** 記得 : 여기서 「得」는 「覺得」「認得」「懂得」「曉得」 등의 「～得」와 마찬가지로 可能이나 程度를 나타내는 뜻은 없다.

**31-10** 辨得出許多人 : 이 경우 「辨得出許多人來」라고 「來」를 쓰는 것이 일반적인데, 南方語나 舊白話 또는 文章語에서는 생략하는 예가 많다.

**31-11** 兩日不喫飯 :「沒」가 아니라 「不」로 否定하고 있는 점에 유의해야 한다.

**31-15** 短見是萬萬尋不得的 :「短見」은 자살하려고 하는 경솔한 생각을 뜻하는 말로 「越諺」 賸語 卷上에 「尋短見, 迫不欲生. (자살할 생각만 하고 살고 싶어하지 않는다)」는 예가 나온다.

**32-3** 猛然間 :「間」은 시간을 나타낸다. 「忽然間」「突然間」 등의 「～間」과 같다.

**32-8** 你的媽媽的 :「肏你的媽媽的(네 에미를 姦하다)」란 말에서 나온 욕이다.

**33-1** 造反 : 봉건사회에서의 사고방식으로는 反逆이 가장 큰 죄였으므로 이는 더없이 큰 욕으로 쓰인 말이었지만, 오늘날에 와서는 반드시 否定的인 의미로만 쓰이지 않고 일반 대중이 바른 사상에 바탕을 두고 윗사람을 비판하고 타도하는 의미로도 쓰인다.

**33-2** 害得～ : 나쁜 또는 호감이 안가는 영향이 생겼을 때 「～덕분에」 하고 쓰는 경

우 하는 말이다.

**33-3** 晚上沒有覺睡：이는「沒有飯吃 (먹을 밥이 없다→밥을 먹을 수가 없다)」와 같은 구조의 句法이다.

**33-5** 加倍酒錢四百文：「加倍」는 倍로 했다는 뜻으로, 밤이므로 술값을 배로 주었다는 말.

**33-10** 道士：中國의 민간에서는 佛教에 못지 않게 道教가 널리 보급되어 거의 土俗化되어 있다.

**33-11** 祓除縊鬼：「祓除」는 쫓아내 제거한다는 뜻으로 불길한 것을 없애기 위한 제사를 말한다. 「縊鬼」은 목매달은 귀신으로 속칭「吊死鬼」라 하는데, 사람이 비명에 죽으면 그 망령이 그곳에 머물어 있으면서 다른 사람을 다시 자기와 같은 죽음으로 끌어들이려 하고 그것에 성공하면 자신은 轉生하게 된다고 믿었다. 吳媽가 목을 매려고 한 것은 吊死鬼가 그 집안에 있어 그녀를 죽음으로 끌어넣으려고 했기 때문이라는 것이며, 이를 막기 위해「祓除」해야 한다는 것이다.

**33-12** 由阿Q負擔：「由」는 主動者를 명확하게 해주는 말로, 이러한 句法은 公文書 등에 많이 쓰인다. ex. 由我負責：내가 책임을 진다.

**33-14** 惟阿Q是問：「(惟)～是＋動詞」文形은 文言에서 나온 표현방법으로,「惟」는 없어도 되고,「是」는 語中助詞로서 이것으로 해서 目的語가 動詞 앞에 오는 형식이 된다. ex. 率師以來, 唯敵是求.(「左傳」 宣公 12年：군대를 이끌고 온 것은 적을 찾기 위해서이다.) 尺璧非寶, 寸陰是競.(「千字文」：커다란 구슬은 보물이 아니니 짧은 시간도 잃지 말고 귀중히 하라.)

**34-3** 居然：여기서는 예상 밖의 결과를 말하는 것으로「생각지도 않았는데」의 뜻이다.

**34-5** 並不燒香點燭：「並不」는 보통「결코 ～가 아니다」로 풀이되는데, 여기서는「燒香」과「點燭」로 並列된 구조의 말들을 동시에 부정하는 말로 쓰인 것이다.

**34-8** 鞋底：천으로 만든 中國式 신의 바닥으로, 천을 여러 장 겹쳐서 만든다.

**34-10** 仔細一想：「仔細」와「一」가 의미상 상충되는 듯한데, 이 경우「仔細」는「想」의 質的인 내용을 지니고「一」는 量的인 내용을 지닌 것으로 보면 된다.

**34-11** 省悟過來：「～過來」는 보통 정상으로 보이는 어떤 상태로 옮아감을 나타낸다. ex. 把錯誤改正過來：잘못을 바로잡다.

**34-12** 其原因蓋在～：「蓋」는 확언할 수는 없으나 대략 그럴 것이라는 어감을 주는 文言副詞이다.

**34-14** 不比赤膊之有切膚之痛：「不比」는「不像」과 같은 뜻으로 쓰였고,「赤膊之有」의「之」는 主述構造를 名詞化하는 작용을 한다.

**35-5** 不肯賒欠了：「賒欠」은 외상하다.「了」는 지금까지와는 상태가 달라졌다는 어감을 준다.

**35-7** 確乎：「的確」「確當」등과 같이 狀語로 쓰이는 副詞이나,「確乎」는 단독으로는 쓰이지 않는다.

**36-5** 小Don：魯迅의 출생지인 紹興地方에서는 「同」을 Don이라 발음하고, 작자는 「且介亭雜文」에 실린 「寄戲周刊編者的信」에서 「小D」는 「小同」으로 자라면 阿Q와 같은 인간이 된다는 뜻을 가진 것이라고 설명했다.

**36-9** 與平常不同：「與」는 文章語인데, 舊白話에서는 이 경우 「比」자를 쓰기도 한다.

**36-10** 我手執鋼鞭將你打：「將」은 「把」와 같은 말로 文章語이다. 이 文句는 紹興地方에서 유행하는 地方劇 「龍虎鬪」에 나오는 가사인데, 이 연극은 宋太祖 趙匡胤과 呼延贊과의 交戰하는 이야기를 내용으로 한 것이다. 그 가사 중의 일부가 第七章 (p. 52 註① 참조)에도 나온다.

**37-1** 撲上去：「撲」는 몸을 부딪칠 것처럼 덤벼든다는 뜻이고, 「～上去」는 어느 곳을 향하여 간다는 뜻이다.

**37-3** 將空着的一隻手：「將」은 「用」「拿」와 같이 쓰였는데, 또한 「把」와 같이 處置介詞로도 쓰이므로 文章語에서는 두 가지의 작용이 다 있다.

**37-4** 不足齒數：축에 끼지 못하다. 우리말 「임금」의 語源은 「尼斯今」 즉 「잇금」에서 왔다고 하여 이의 수가 많은 사람을 王으로 삼았다는 新羅 2代王 儒理尼斯今의 故事가 있는데, 혹 같은 發想에서 유래한 말이 아닐지?

**37-7** 藍色的虹形：阿Q와 小D 두 사람이 다 하층계급 사람이 입는 남빛 上衣를 입었기 때문에 한 말이다.

**37-8** 好了，好了！：周遐壽의 「魯迅小說家的人物」에 싸움을 말릴 때 紹興地方 사람들은 「好哉，好哉！」라 하는데 이는 官話의 「好啦，好啦！」라 하는 말과 같은 의미를 지니고 있다고 했다. 「了」는 「啦」와 통해 쓰는 말이다.

**37-9** 好，好！：「了」가 없는 점에 유의해야 한다. 이 때문에 「解勸(말리다)」·「頌揚(칭찬하다)」·「煽動(충동이다)」 중 어느 의미로 한 말인지 모호해져버린다.

**38-1** 回過頭去說：阿Q는 「回過頭去」하고 小D는 「回過頭來」하였으므로 작자는 阿Q가 있는 곳을 중심점으로 하고 말한 셈이 되는데, 실제 두 사람은 전혀 다른 정반대의 방향으로 서로 등을 대고서 가고 있음을 알 수 있다.

**38-2** 「龍虎鬪」：여기서는 阿Q와 小D의 싸움을 비꼬아서 한 말이다. 각 지방마다 「戲」 또는 「劇」란 이름으로 唱을 주조로 한 전통적인 연극이 있는데, 이에 비해 臺辭가 주조를 이룬 現代劇은 「話劇」라 한다.

**38-3** 看的人可滿足：「可」는 疑問의 어감을 나타내는데, 江蘇省 말에서는 「阿」를 흔히 사용한다.

**38-10** 求食：어정어정 먹을 것을 찾아 헤매는 것은 動物이 먹이를 찾는 것과 같으므로 「求食」라 하여 같은 어감을 나타낸 것이다. =覓食.

**38-11** 熟識的饅頭：「饅頭」는 우리말의 만두와는 달리 피라밋 모양으로 만든 밀가루 떡 같은 빵이다. 우리말로 보통 만두라고 부르는 것 중에 작고 길죽하게 생긴 것은 「餃子」라 하고, 둥글고 비교적 크게 생긴 것은 「包子」라 하는데, 만드는 방법이나 재료에 따라 앞에다 그에 해당하는 글자를 덧붙여서 쓴다. 예를 들어 물만두는 「水餃」, 군만두는 「燒餃」, 찐만두는 「蒸餃」, 그리고 고기만두는 「肉包」, 야채만두는

「菜包」 등으로 쓴다. 그런데 中國人이 말하는 「餃頭」는 北方人이 常食하는 것이고 이 작품의 배경은 주로 작자의 출생지인 南方의 紹興地方으로 여겨지나, 그러나 南과 北의 장소 설정을 분명하게 한 것이 아니라 未莊이라는 가상의 한 마을을 배경으로 하고 있기 때문에 상관없이 「饅頭」를 등장시킨 것 같다. 第九章에서 阿Q가 刑場으로 끌려갈 때 탄 「沒有篷的車(포장 없는 수레)」(p.69 註 ⑥참조)도 이와 같은 예라 하겠다.

38-12 村鎭 : 「鎭」은 거리를 말하고, 여기서는 이 「鎭」에 중점을 두고 있다. 그러나 요즘 行政區域 명칭으로 쓰이는 경우에는 「縣」 아래 「鄕」이 있는데 「鄕」은 우리 나라의 面에 해당하고, 비교적 거리가 밀집되어 있어 「鄕」보다 크고 「市」보다는 작을 때 이를 「鎭」이라고 한다. 곧 우리 나라의 邑에 해당한 셈이다.

39-1 耕田 : 周遐壽의 「魯迅小說家的人物」에 논에 모를 심고 난 뒤에는 두세 차례 除草만 해줄 뿐 갈지는 않으므로 이 「耕」자는 「耘(논밭을 메다)」자의 잘못이라고 지적했다.

39-2 田家樂 : 詩題 또는 畵題로 자주 쓰이는 말이다. 여기서는 地主나 知識人들이 흔히 자기 자신은 한번도 삽이나 호미를 쥐고 일해본 적도 없이 田園을 찬미하는 詩文을 짓는다든지 그림을 그린다든지 하는 것을 풍자해서 한 말이다.

39-3 終于走到靜修菴的牆外了 : 靜修菴은 전에 阿Q가 빰을 꼬집어 정복한 적이 있는 「小尼姑」가 있는 곳이며, 이 승리의 경험이 阿Q로 하여금 靜修菴이라면 정복할 수 있으리라는 생각을 직관적으로 들게 했던 것이다.

39-4 何首烏 : 다년생 蔓草로 뿌리가 크고 굳으며 10월 무렵에 꽃이 핀다. 신경성의 병이나 강심제 등의 藥劑로 쓰인다.

39-5 攀着桑樹枝 : 靜修菴은 矮牆(낮은 담장)으로 둘러싸여 있는데 阿Q가 이를 간단히 넘어가지 못한 것은 空腹이라 힘이 없었기 때문이다.

40-6 你能叫得他答應你麼 : 만약 그것이 자기 것이라면 그것을 불러서 그렇다고 대답하게 해보라는 어거지이다. 阿Q는 靜修菴에 대해서는 이런 태도를 취할 수 있을 만큼 자신이 있었다.

40-7 拔步便跑 : 「拔步」는 발을 급히 떼어놓는다는 말로, 발을 뽑는다는 뜻은 아니다. 단지 출발을 위해서 발을 그렇게 움직이므로 이런 표현을 쓴 것이다.

40-8 不知怎的 : 「怎的」는 「怎麼」 「怎麼樣」에 해당하는 약간 낡은 말로 舊白話에 흔히 쓰이며, 「不知怎的」는 관용적으로 쓰이는 말이다.

41-1 連人和蘿蔔都～ : 「連～和～」는 「連～帶～」의 옛 용법으로 舊白話에 많이 쓰인다.

42-4 搭連 : 長方形의 주머니 모양으로 되어 중앙이 뚫려 있고 양쪽 가장자리에다 돈을 넣도록 만들어져 있다. 그 크기에 따라 명칭이 여러 가지인데, 말 등에 걸칠 수 있는 큰 것은 「被囊」, 中型의 것으로 銅貨 100개 한 꾸러미가 들어갈 정도로 긴 것은 「錢搭」, 허리띠 혹은 바지의 밴드에 붙이는 한 자 미만 길이의 것이 「搭連」이다. 시골 사람들은 보통 주머니가 붙은 띠를 사용하고, 「搭連」은 곧 도시 사람의

상징이기도 하다. 阿Q는 이 돈지갑을 나중에 趙白眼에게 팔아버린다.

**42-8 與其慢也寧敬的**:「慢」은「怠慢」즉 소홀히 하다, 무뚝뚝하다, 냉담하게 응대하다.「與其~也寧~」은「~하기보다는 차라리 ~하다」라는 선택의 뜻을 나타낸다.

**42-10 士別三日便當刮目相待**:「三國志」吳志 呂夢傳에서 呂夢이 魯肅에게「士別三日即便刮目相待」라 하여 讀書人의 빠른 발전에 비유하여 헤어진 지 사흘이 지나면 원래의 선입견을 버리고 새로운 눈으로 보지 않으면 안된다고 한 말에서 나온 말이다.

**42-11 堂倌**:「越諺」에「店倌」이란 말이 있는데 이는 가게의 종업원을 높여서 부르는 말이고 낮추는 말로는「伙計」라 되어 있다. 北方語에서는 보통 다「伙計」라 했는데, 요즘에 와서는 이러한 尊卑稱의 구별은 없어지고,「服務員」「店員」등의 말을 많이 사용하고 있다.

**42-12 掌櫃**:조그마한 가게나 음식점에서는 바로 주인이 이러한 일을 맡으므로「老闆」이라 불러야 할 경우에도 흔히 이 말을 쓰는 수가 있다.

**43-15 既先之以點頭, 又繼之以談話**:「既~又~」는 두 가지의 일이 겹쳐 있음을 나타내는데,「先之以~繼之以」로 그 선후의 순서를 나타냈다.「先之~繼之~」의「之」에는 따로 가리키는 것이 없다. 이처럼 文言的 표현을 사용한 것은 앞에서「士別三日便當刮目相待」라는 옛사람의 말에 이어 掌櫃가 공손하게 대하고 있는 모양을 나타내려고 한 것으로서, 여기서는 阿Q가 선비로 취급되고 있는 것 같은 우스꽝스러움을 나타내려고 하는 의도가 엿보인다.

**43-1 現錢和新夾襖的阿Q**:예전의 阿Q와 다른 점이 현금을 가지고 있다는 것과 새 겹옷을 입고 있다는 것인데, 그 차이를 두 낱말을 수식어로 써서 나타낸 것이다.

**43-6 冠姓**:여자가 시집간 후 자기 성명 앞에다 남편의 성을 덧붙이는 것도「冠姓」이라 한다. 요즘에 와서는 많은 여성들이 사회활동을 하게 되자 처녀시절의 이력을 첨부할 경우 행정상의 번잡 등으로 해서 이 冠姓의 습관이 점차 없어져가고 있다. 그러나 일반 호칭에서는 남편의 성에다「~太太」「~夫人」등을 붙여 부르는 것은 여전히 변함이 없다.

**43-12 竹牌**:보통 象牙나 동물의 뼈로 만들어「牙牌」또는「骨牌」라고 하는데, 이것을 싸구려로 대를 사용해 만들었기 때문에「竹牌」라 한 것이다.

**43-13 叉**:마작을 할 때 牌를 쥐고 찔러넣듯이 나란히 세우므로 이 글자로「한다」는 뜻의 動詞로 썼는데, 이는 南方語이고 北方語에서는「打」를 쓴다.

**43-14 麻醬**:「麻醬」은「깨간장」이란 말이 되겠는데 阿Q가 무식해서〔ㄇㄚˊ ㄐㄧㄤˋ májiang〕이라 해야 할 말을〔ㄇㄚˊ ㄐㄧㄤˋ májiang〕이라 발음한 것이다. 이 마작은 浙江省 寧波에서 시작되었고, 모두 136張의 牌에 각종의 무늬를 새겨 놀이하는 방식이 아주 복잡한 것으로, 未莊의 시골에서 노는 32張짜리 竹牌와는 비교가 안된다.

**44-1 小烏龜子**:원래는 거리의 불량소년·소녀 또는 남에게 淫辱을 당한 여자를 가리키는 욕으로 쓰이는 말이다.「越諺」詈罵譏諷之諺에「天不怕, 地不怕, 只怕烏龜子打官話. (이 세상에 아무것도 무서운 것이 없지만, 官話 즉 관리나 또는 관청과

연줄이 닿는 유력자들이 쓰는 말을 하거나 흉내내는 것만은 두렵지 않을 수 없다.)」는 뜻의 俗談에도 「烏龜子」란 말이 나온다.

**44-4** 你們可看見過～ : 여기서 「可」는 의문의 어투를 갖는 副詞이다. 江蘇省 말에서는 「阿」를 쓴다.

**44-5** 好看 : 원래의 뜻은 보기 좋다, 깨끗하고 곱다는 뜻인데, 여기서의 「好」는 「可」와 같은 뜻으로 쓰였다. 「好笑」「好吃」가 「可笑」「可吃」의 뜻으로도 쓰일 수 있는 것과 같다.

**44-12** 淺閨 : 원래 「深閨」란 말이 있는데, 이 말에 상대되는 말로 작자가 造語하여 이른바 深閨를 풍자한 것이다. 특히 상류사회에서는 남녀의 유별이 심하여 부인네들은 집안의 깊숙한 곳에 거처하여 이를 深閨라 하고 집안 사람 이외의 남자는 마음대로 안에 들어가지 못했다. 그런데 일반 가정에서는 부인네들도 노동을 해야 하며 집이 넓지 못해 깊숙한 곳에 방을 잡으려 해도 할 수가 없었다. 곧 「淺閨」는 사랑에서 가까운 부인의 방이라는 말이다. 「淺」은 문간에서 안까지의 거리가 깊지 않은 것, 그래서 좁고 안까지의 거리가 없는 집을 「淺房窄屋」라고 한다.

**45-1** 神異 : 「件」이란 量詞를 써서 헤아리는 점을 유의해야 한다.

**45-2** 藍綢裙 : 남색 비단으로는 좀처럼 치마를 만들어 입지 않는다. 여기서 작자는 일부러 색다른 물건을 등장시켜 시골 사람이 도시 사람처럼 희귀한 듯 다투어 사는 꼴을 조롱한 것이다. 다음에 나오는 大紅洋紗衫(새빨간 洋紗 저고리)도 마찬가지 예이다.

**45-3** 待考 : 趙白眼의 어머니이건 趙司晨의 어머니이건 어느 쪽이든 대단한 문제가 아닌데도 이런 말을 해서 과장한 것은, 第一章에서 말한 胡適과 같이 考證癖이 있는 사람을 조롱해서 한 말이다.

**45-5** 洋紗衫 : 「洋」은 「土」에 상대되는 말로, 「洋紗」라 해서 반드시 외국제란 뜻에서 말한 것은 아니고, 기계로 짠 것처럼 그 짜는 방법이 외국식인 것을 말한다.

**45-6** 三百大錢九二串 : 「華蓋集續編」에 실린 「阿Q正傳的成因」에 이에 관한 설명이 있는데, 이전에 中國에서 통용된 銅錢에는 가운데 네모난 구멍이 있고 그 구멍에 끈을 끼워 꾸러미로 만들어 썼기 때문에 「串」이라 불렀다. 여기서 「九二串」이라 한 것은 100枚씩 끼워서 1串을 만들어야 할 것을 92枚씩 끼웠음을 말한다. 그리고 銅錢 100枚 즉 100文의 1串은 나라에서 발행한 制錢 10枚에 해당하므로 「大錢」이라 부른 것이고, 「三百大錢」은 결국 「百」와 「大錢」을 同格으로 보아 3大錢 즉 30錢에 해당하는 돈으로 보아야 한다.

**45-9** 問他買 : 「問」은 찾는다는 뜻을 갖고 있는 動詞와 관련되어 쓰이는 일종의 介詞이다. ex. 問他要 : 그에게서 얻다.

**45-12** 恭維了一番 : 여기서는 綢裙이 좋다는 것을 말하고 있는 것인데, 「一番」은 「一回」와 같은 뜻으로 「恭維」하는 것이 한 마디로 끝나지 않고 이것저것 되풀이하는 어투를 지니고 있다.

**45-13** 價廉物美 : 옛날 가게에서 선전을 위한 呼客文句로 흔히 쓰였던 말이다.

45-14 新關了～例外：趙家에서는 저녁밥을 먹고 난 후에 등불 켜는 것을 허용하는 두 가지 예외가 있었는데, 이번이 그 세번째의 예외가 된다는 것이다.

46-4 春天的條件：第四章에서 阿Q는 地保의 중재로 趙家와 5개조의 서약을 했는데, 그 제3조에서 「阿Q는 금후 趙씨 댁의 문지방을 넘어서지 말 것」이라 한 조건을 두고 한 말이다.

46-6 踱開去：「踱」는 천천히 발을 옮기다, 「開」는 장소의 이동을 나타내는 補語로, 이는 곧 阿Q 쪽으로 천천히 다가서게 되었다는 뜻이다.

46-8 拿來看一看：「給我」가 생략된 구조이다. 조금 뒤에 나오는 「就拿門幕來看看罷」도 같은 예이다.

47-3 明天拿來就是：「～就是」는 「罷(=呢)」보다도 어투가 분명하므로 是認하는 어감을 갖는다.

47-5 送來給我們看：「給我們送來看」이라 하는 것이 원칙이다. 「我們」은 자기 집을 말하는 것이다.

47-6 是否放在心上：「是否」는 「是不是」의 文章語的인 표현법이다.

47-9 老鷹不喫窠下食：「兎子不吃窩邊草 (토끼는 우리 곁의 풀은 먹지 않는다)」라고도 하는데, 도둑은 동네 사람의 물건을 훔쳐 본거지를 소란케 하는 짓을 하지 않는다는 격언이다.

47-11 庭訓：이 말의 출전은 「論語」季氏篇에 나오는 「嘗獨立, 鯉趨而過庭, 曰：『學詩乎？』對曰：『未也.』『不學詩, 無以言.』鯉退而學詩. 他日又獨立, 鯉趨而過庭, 曰：『學禮乎？』對曰：『未也.』『不學禮, 無以立.』鯉退而學禮. (孔子가 혼자 서 있을 때 아들 鯉가 뜰을 지나가려는데, 그는 『詩를 배웠느냐?」하고 물었다. 「아직 배우지 않았읍니다.』하고 대답하니, 『詩를 배우지 않으면 말을 할 길이 없다.』고 말했다. 鯉는 물러나서 詩를 배웠다. 훗날 또 孔子가 혼자 서 있을 때 鯉가 뜰을 지나가려는데, 그는 『禮를 배웠느냐?』하고 물었다. 『아직 배우지 않았읍니다.』하고 대답하니, 『禮를 배우지 않으면 행동을 할 길이 없다.』고 말했다. 鯉는 물러나서 禮를 배웠다.)」의 「過庭」이란 말에서 유래된 것으로, 아버지의 교훈을 일컬어 「過庭之訓」 또는 「庭訓」이라 했다.

47-12 非常之：「之」는 助詞. 「非常的(地)」라고도 하는데, 「非常」에 한하여 「～之」를 쓰는 경우가 많다.

48-1 將那藍裙去染了皂：이 귀절은 앞에서와 같이 ⓐⓑ 두 가지로 옮길 수 있는데, ⓐ는 「將～去」의 「將」을 동사로 보아 「拿～去」와 같은 뜻으로 풀이한 경우이고, ⓑ는 「將」을 介詞로 보고 「去」는 「來」와 마찬가지로 舊白話에서 흔히 볼 수 있는 용법으로 동사(여기서는 染) 앞에 붙여 그 행동의 시작 또는 趨向을 나타내는 경우이다. 그러나 바로 다음 귀절 「將阿Q可疑之點傳揚出去了. (阿Q의 수상한 점을 널리 퍼뜨렸다.)」에서는 「～去(來)傳揚出去了」라 하지 않은 것으로 보아 ⓐ의 편으로 보는 것이 좋을 것 같다. 「皂」는 검정색. 흔히 「皂白」라고 복합하여 「不分皂白(是非를 분별하지 못하다)」와 같이 쓰인다. 치마를 검게 물들인 것은 阿Q가 갖고 온 것이

훔친 물건임을 알고 있었으므로 그것을 감추기 위해서이고, 또한 남색 치마는 시골에서 보기엔 이상하기 때문이었을 것이다.

**48-2** 傳揚出去 : 「傳揚開去」라 하는 것이 보통이나, 여기서는 억제하고 있던 것을 밖으로 널리 퍼뜨리는 데에 중점을 두어서 「～出去」를 썼다.

**48-6** 不敢來放肆 : 「來」는 온다는 원래의 뜻은 약화되고 여기서는 적극적인 모양을 나타내는 의미로 쓰였다.

**48-7** 遠避 : 「遠」은 〔ㄩㄢˇ yuǎn〕이라 발음하면 멀다·영원하다의 뜻이고, 〔ㄩㄢˋ yuàn〕이라 발음하면 피하다·멀리하다의 뜻인데, 여기서는 두 가지 중 어느것으로 보아도 상관없다.

**48-8** 防他來「嚓」 : 「來」는 「嚓」라는 동작을 한다는 뜻이다. 「嚓」는 이미 앞에 나온 말로, 斬首刑을 하는 소리 또는 그 모양을 나타낸 말이다.

**48-9** 頗混着「敬而遠之」的分子了 : 「頗」는 긍정의 경우에는 상당히, 부정의 경우에는 별로로 풀이되고, 「很」이나 「甚」과 같이 과장하는 어투는 없다. 「敬而遠之」는 「論語」 雍也篇의 「敬鬼神而遠之, 可謂知也. (귀신을 공경스럽게 다루되 그를 멀리하는 것이 지혜롭다 할 것이다.)」에서 나온 말이다.

**48-10** 一班閑人們 : 「班」은 분리된 일부분의 집합체를 가리키는 量詞이다.

**48-16** 上牆 : 강도들이 반쯤은 공공연하게 들어가는 것을 말하는 말로, 곧 큰 도둑이 됨을 가리킨다.

**48-17** 進洞 : 좀도둑들이 담에 구멍을 뚫어 몰래 들어가는 것을 말하는 말로, 곧 위의 「上牆」과 상대적으로 좀도둑이 됨을 가리킨다.

**49-5** 斯亦不足畏也矣 : 「論語」 子罕篇의 「四十五十而無聞焉, 斯亦不足畏也矣. (40살 50살이 되어서도 아무런 명성이 없다면 이 역시 두려워할 것이 없는 것이다.)」에 나온 말이다.

**49-6** 宣統三年九月十四日 : 「中國革命記」 第 3 册(1911년 上海 自由社 編刊)에 의하면, 이 날 杭州府가 民軍에 점령되고 紹興府가 光復을 선포했다고 했다. 여기서 光復이란 쓰러진 조정을 재흥시키는, 즉 滿淸을 타도하여 漢民族에 의한 統治로 되돌아가게 하는 것을 말한다. 「宣統」은 淸朝의 마지막 年號이다.

**49-7** 三更四點 : 「更」은 밤 시간의 바뀜을 나타내는 말로 〔ㄐㄧㄥ jīng〕이라 읽는다. 하루 밤을 五更으로 나누어 初更은 오후 8시, 二更은 오후 10시, 三更은 0시, 四更은 오전 2시, 五更은 오전 4시를 말하고, 一更은 다시 五點으로 나뉜다. 따라서 「三更四點」은 한밤중을 뜻하는 말로, 三更半夜·深更半夜 등으로도 표현한다.

**49-8** 烏篷船 : 「烏」는 검은색을 나타내고, 「篷」은 비바람을 피하기 위하여 씌운 것으로, 대로 거적을 엮듯 엮은 것이다. 「越諺」 器用篇에 이 말과 나란히 「白篷船(하얀 뜸을 씌운 배)」이란 말도 보인다.

**50-3** 回覆轉去 : 「轉」은 「回」와 같은 말로, 南方語에서는 「回去(來)」를 「轉去(來)」라고 한다.

**50-7** 見聞較爲切近 : 「較爲」는 비교적, 여기서 「～爲」는 접미사로 보아도 된다. 「切

近」은 「見聞」이 실제에 접근되어 있다는 말이 아니고, 「靠近」「貼近」(가까이 있다)는 의미가 있으므로 곧 鄒七嫂가 見聞함에 있어 가깝고 형편이 좋은 곳에 있다는 뜻으로, 「近水樓臺(위치가 접근해 있다, 기회가 비교적 유리하다)」의 의미로 쓰인 것이다.

50-9 排了「轉折親」:「轉折親」은 紹興地方의 方言이라고 하는데, 뜻은 친척의 친척이라는 말이다.

50-10 肚裏一輪:「肚裏」는 「心裏」라 해야 할 말을 이렇게 표현함으로써 다분히 物質的인 데 치우치는 사고방식을 비꼬고 있다. 「一輪」은 한번 굴려본다는 말에서 「掂量一下(得失을 대강 계산해보다)」의 뜻으로 쓰였다. =心裏一盤算.

50-11 穿着崇正皇帝的素:崇正皇帝란 明朝 최후의 天子로 明朝가 멸망할 때 스스로 목을 매어 죽은 思宗을 일컫는다. 이름은 朱由檢, 年號는 崇禎이었으나, 「禎」자가 清朝 雍正帝의 이름 胤禎의 「禎」자와 같았으므로 清朝 때는 이를 避諱하여 崇正이라 했다. 民國에 들어와서까지 清朝 天子의 이름을 避諱할 필요는 없지만, 여기서 작자는 清朝 遺老들의 흉내를 냄으로써 아직도 그러한 풍습이 일부에 남아 있음을 비꼬았다. 喪服을 입고 있다 한 것은 白盔白甲(흰 투구와 흰 갑옷)을 입고 있었으므로 그렇게 본 것인데, 明朝가 망한 후 농민들이 蜂起할 때면 으레 反清復明 즉 清朝를 타도하고 明朝를 부흥시키자는 슬로건을 내걸곤 하였고, 이 때문에 清末革命軍이 봉기했을 때에도 군중들은 흔히 이를 崇禎皇帝의 원수를 갚기 위해 일어난 것이라고 여겼다.

50-13 殊不料:「殊」는 「極」「實在」의 뜻으로 이 말은 「實在沒有想到」와 같은 말이다. 그러나 「殊」는 이와 같은 慣用語에서만 쓰인다.

51-2 鳥男女:「鳥」는 「屌」를 대신해 쓴 글자여서 발음을 〔ㄉㄧㄠˇ diǎo〕라 해야 하는데, 南方語에서 흔히 쓰이는 욕이다. 「男女」는 남자와 여자라는 뜻도 있으나, 여기서는 남을 경멸해서 말할 경우에 쓰이는 예이다.

51-3 革這夥媽媽的的命:阿Q는 革命을 「命(목숨)을 끊는다」 즉 「마음에 들지 않는 놈을 죽인다」는 정도로밖에 생각하지 않았다. 'Selected Works of Lu Hsün' (Foreign Language Press, Peking, 1956)에서는 이 부분을 "Finish off the whole lot of them"이라고 번역했다.

51-5 不知怎麼一來:「一來」는 一時 또는 瞬時의 경과과정을 나타낸다.

52-1 悔不該, 酒醉錯斬了鄭賢弟:「悔不該」는 ～해서는 안되는 것이라고 후회하다. 「錯斬了」는 잘못 잘라버렸다. 즉 그 사람을 잘라서는 안되는 것을 잘랐다는 뜻으로, 「斬錯了 (잘라서 상처를 내다)」와는 구분된다. 이 귀절은 앞에 나온 紹興地方의 연극 「龍虎鬪」 (p. 38 註②)에 나오는 가사인데, 여기 나오는 鄭賢弟는 趙匡胤의 部下 猛將 鄭子明을 가리킨다.

52-2 鏘令鏘:「令」은 동라를 바리때로 했을 때처럼 두드릴 때의 소리이다.

52-3 趙府上的兩位男人:「位」를 써서 존칭하는 어감을 갖고 있으므로 이 두 사람은 趙太爺와 그 아들 秀才를 가리킨다는 것을 알 수 있다.

**52-4** 眞本家：趙白眼과 趙司晨을 가리킨다. 第四章에 「眞正本家的趙白眼・趙司晨」이란 말이 나온다.

**52-5** 唱過去：이 경우 「～過去」는 「唱」에 직접 연결되는 方向補語가 아니라 連動式으로 쓰인 動詞이다. 「唱」에는 이 경우 方向性이 없기 때문이다.

**52-6** 老Q：「老～」는 「阿～」보다 훨씬 정중한 어조로 친밀성을 나타내어 부를 때 쓰인다. 그리고 「阿～」와는 달리 보통 姓에 붙여서 老張 또는 老李라고 부르는데, 阿Q는 姓이 없었으므로 이렇게 불렀던 것이다. 또 紹興地方에서는 「～老官」이란 정중한 호칭법도 있는 모양이어서, 周遐壽의 「魯迅小說家的人物」 p.98에 의하면 阿有 즉 阿Q의 일부 모델이 되었다고 할 阿桂의 형을 부인들은 정중한 호칭으로 有老官이라 불렀다고 기술하고 있다.

**53-3** 說着自去了：「自」는 「自己(스스로)」의 의미가 아니고, 「只管」「就」에 가까운 뜻이다.

**53-6** 醒透：「～透」는 동작이나 행위의 결과가 극한에 이르렀음을 나타낸다.

**53-7** 餅：北方에서 흔히 食事 대신에 먹고, 「燒餅」이 그 대표적인 것이다. 이것이 비록 南方의 식품은 아니지만, 앞에 나온 饅頭(p.38 註⑪ 참조)의 경우와 마찬가지로 이 작품에서는 그 배경이 南인지 北인지 확실히 지정돼 있지 않으므로 北方의 음식도 나와 있는 것이다.

**53-8** 四兩燭：1兩은 16분의 1斤이고, 1斤은 597그램이다.

**53-10** 燭火像元夜似的閃閃的跳：「元夜」는 음력 정월 보름, 이 날을 元宵節이라 하며 밤에 등불을 켜고 축하하기 때문에 燈節이라고도 한다.

**53-13** 來了一陣～的革命黨：「一陣」은 짧은 시간에 계속해서 일이 일어나는 상태를 나타낸다.

**53-15** 洋礮：中國식의 총과 달라서 서양총이란 뜻으로 洋자를 붙였다. 이를 洋槍이라 하지 않고 礮(=炮・砲)자를 붙인 것은 성능이 좋기 때문이다.

**54-1** 纔好笑哩：「纔(才)～哩」로 과장된 어투를 나타내고, 「好笑」는 「可笑」와 같은 뜻이다. 「哩」는 「呢」에 상당하는 語氣詞로서 方言性이 짙은 어투이다.

**54-2** 留幾條麼？：「條」는 「性命」「生命」을 헤아리는 量詞로 쓰였는데, 짐승을 헤아리는 데에도 쓰인다.

**54-5** 寧式牀：陽刻으로 조각되어 있거나 회양목으로 細工하거나 한 고급의 침대이다. 寧波는 地名으로 浙江省의 舊府名이다.

**54-7** 過幾年再說：이 경우 「～(再)說」에는 특별히 「말한다」는 의미는 없다.

**54-8** 脚太大：옛날에는 발이 큰 것은 여자로서는 바람직하지 못한 일이었다. 吳媽는 노동자이므로 당시의 풍속인 전족을 하지 않아 자연 발이 컸던 것이다.

**55-2** 菴和春天時節一樣靜：이 봄의 그때란 阿Q가 암자의 채마밭에 들어가 무우를 훔쳤을 때(第五章 참조)를 말하고 있는 것이라 여겨진다.

**55-3** 白的牆壁和漆黑的門：述語가 없이 名詞만을 나열하여 繪畵的으로 표현했다.

**55-5** 開了一條縫：「一條縫」은 「開」의 결과를 나타내고 있다.

**55-6** 你又來什麼事？：「來什麼事」의 구조는 「笑什麼」와 같이 賓語가 동작의 원인을 나타내고 있는 것이다. 「又」는 혐오감 내지는 힐문의 어투를 띠고 있다.

**55-7** 革過一革的：「一革」는 앞 「革」의 動量詞같이 쓰였다. 이는 「看一看」「等一等」의 「～一～」와 마찬가지 예이다. 그리고 老尼姑(나이 많은 비구니)는 혁명은 革命黨이란 인간이 와서 淸朝 皇帝와 관계있는 것을 파괴하거나 눈에 띄는 것을 약탈하여가는 것 정도로밖에 인식하고 있지 않다.

**55-8** 更其：이 「其」는 「尤其(더우기)」·「極其(더우기)」 등의 「其」와 같이 接尾辭로 쓰였다.

**56-5** 咸與維新：「書經」胤正篇의 「舊染汚俗，咸與維新.(구습에 물든 나쁜 풍속은 모두 함께 새롭게 고쳐야 한다.)」에서 나온 말로, 요즘 말하는 維新이라는 말의 語源이기도 하다. 그러나 여기서는 辛亥革命 때 革命派와 反對勢力이 타협하여 이 틈에 반동세력도 편승했던 현상을 가리킨다. 이러한 내용이 魯迅의 「墳」에 실린 「論費厄潑賴應該緩行(페어플레이가 천천히 추진돼야 한다 함을 論함)」에 나타나 있는데, 즉 1894년 中國이 淸日戰爭에 패배하자 1895년에 康有爲가 北京에서 科擧시험을 친 擧人들을 지도하여 連名으로 「萬言書」를 光緖帝에게 제출해서 變法維新을 요구하고 專制君主制를 立憲君主制로 개혁할 것을 바랬다. 그리하여 1898년에 드디어 光緖帝는 康有爲·譚嗣同·梁啓超 등을 등용하여 政務에 참여시키고 變法維新을 단행토록 했다. 그러나 西太后가 다시 권력을 쥐게 되자 維新運動은 실패하고 말았다. 이후 辛亥革命이 일어나자 이 혁명의 지도자는 제국주의·봉건주의 세력과 타협하고, 이 시기에 官僚地主는 혁명에 僞裝參加하여 입으로만 維新을 외쳤다. 趙秀才나 錢假洋鬼子의 革命參加가 바로 이를 두고 이르는 말이다.

**56-6** 談得很投機：「投機」는 쌍방의 호흡이 맞는 것, 의견이 맞는 것, 마음에 드는 것을 뜻하고, 投機한다는 의미도 있다. 「談」은 서로 이야기를 주고 받다.

**56-8** 龍牌：그 당시에 재위하고 있는 황제의 패위로서 관청이나 학교·寺刹·廟堂 등에 모셔놓고 관리가 참배할 때 거기다 절을 했다. 「龍亭」「萬歲牌」라고도 한다.

**56-9** 革掉：지배자인 淸朝 황제의 것이므로 파괴한 것이다.

**56-11** 給了栗鑿：「栗鑿」는 食指와 中指의 구부러진 부분을 돌출시킨 모양의 주먹을 말하고, 또 「栗苞(暴)(밤송이)」라고도 하는데 모두 다 모양이 닮았기 때문에 나온 말이다.

**57-1** 宣德鑪：향로 밑바닥에 「大明宣德年製」란 글자가 있다. 극히 정교하고 향로로서는 귀중한 골동품으로 알려져 있다.

**57-2** 日見其安靜了：「其」는 따로 지시하는 것 없이 助詞로 쓰였다. 「見其發展(발전이 보인다)」·「見其衰退 (쇠약해짐이 보인다)」 등 보통 4음절로 만들어 쓰인다. 또 「日見～」으로는 시간이 경과함에 따라 상황이 어떠한 방향으로 기울어지고 있나를 나타내 준다.

**57-3** 知縣大老爺還是～：이때의 정세에 대하여 魯迅은 「朝花夕拾」에 실린 「范愛農」에서 「我們便到街上去走了一通，滿眼是白旗. 然而貌雖如此，內骨子是依舊的， 因爲

還是幾個舊鄉紳所組織的軍政府，什麼鐵路股東是行政司長，錢店掌櫃是軍械司長……』이라 하여，咸與維新의 결과가 舊勢力의 溫存이 되고 말았음을 피력하고 있다.

**57-6** 航船七斤：이는 곧 航船(연락선) 선장 七斤이를 말하는데，그는 태어날 때 몸무게가 7근이었다 해서 시골의 소박한 습관대로 이를 그의 이름으로 삼았다는데，그가 읍내 근처에 갔다가 좋지 못한 혁명당에게 걸려 변발을 잘렸다는 이야기가 나온다.

**57-7** 着了道兒：「道兒」은 詭計·올가미이다.

**57-8** 弄得不像人樣子了：「弄得」는 어떤 결과를 말할 때에 그 결과를 만들어낸 동작이나 행위를 구체적으로 설명할 수가 없거나 그럴 필요가 없을 때에 쓰인다. =鬧得·落得·鬧得.

**57-9** 只得作罷了：「只得」는 「只好」와 같이 ～할 수밖에 없다.「罷」는 「休」「已」와 같이 그만두다.

**58-2** 秋行夏令：政令을 매달 발표하여 시행하도록 되어 있었다.

**58-3** 無關于改革：일반적으로 「沒(有)關于～」라고 하지 않는다.

**58-4** 腦後空蕩蕩的：변발을 감아 올려놓았으므로 후두부가 텅 비어 쓸쓸하게 보이는 것을 말한다.「蕩蕩」은 廣大한 모양을 나타내는 말이다.

**58-8** 容易鬧脾氣：「鬧」는 바람직하지 못한 또는 정상이 아닌 변화가 있을 때에 쓰인다. ex. 鬧肚子：설사를 하다. 鬧旱炎：한발이 일어나다. 또한 일을 열심히 행하는 경우에도 쓰인다. ex. 鬧革命：분주하게 혁명하다. 鬧生產：생산에 열을 올리다.

**58-9** 氣破肚皮：「嚇破肚子 (깜짝 놀라 뱃속을 찌그려뜨리다)」와 같은 구조의 말이다.

**59-3** 忘了生辰八字：「生辰」은 탄생일.「八字」는 태어난 年·月·日·時를 干支(十干 十二支)로 나타낸 8개의 글자를 말하고 이는 四柱라고도 한다. 사람의 운명은 이들 八字에 의하여 결정된다고 했다.

**59-4** 靠着寄存箱子的淵源：「淵源」은 上代의 交情을 뜻하는 말이기도 하다.

**59-5** 黃傘格：여덟 칸의 줄이 쳐진 편지지에 每行마다 반드시 敬意와 상대를 頌揚하는 어귀를 別行잡아 各行의 冒頭에다 써야 한다. 때문에 每行의 길이가 일정하지 않고 꼭 맨아래까지 쓸 필요가 없다. 그리고 中央 가까이의 一行은 상대방의 이름이나 號를 한 단 높여서 쓰고 이 行만은 특별히 글자를 많이 써서, 양쪽의 짧은 行들 사이에 유별나게 길게 쓰여서 마치 黃傘의 손잡이 대처럼 보이게 한다는 데서 나온 이름이다.「黃傘」은 옛날 관리가 行次할 때 의장용으로 쓰던 日傘의 일종으로，府知事 이상은 黃傘을 사용하고 州·府知事 이하는 藍傘을 사용했다고 하며 이 둘을 총칭하여 馬傘이라 했다고 한다. 이러한 형식으로 쓴 편지는 상대방에 대해 최고의 恭敬을 표시한 것이었다.

**59-6** 紹介：일반적으로 「介紹」라고 하는데，清末의 문헌에는 「紹介」라고 쓰인 예를 많이 볼 수 있다.

**59-7** 銀桃子：「桃子」는 南方語이고 北方에서는 「桃兒」이라고 하여，이는 대추를 남방에서 「棗子」라 하고 북방에서 「棗兒」이라 한 것과 같았는데，현재는 별로 구별하

지 않는다. 이밖에 鞋子·窗子·城子·叔子·姪子·車子 등「～子」는 모두 다 南方語 쪽에서 많이 발달한 南方語系의 어휘이다.

**59-8 柿油黨**: 未莊의 시골 사람들은 自由라는 말을 모르므로 그들이 잘 아는 것 중에 自由〔ㄗ ㄧ ㄡ́ zì yóu〕와 발음이 비슷한 柿油〔ㄕ ㄧ ㄡ́ shì yóu〕(날감의 떫은 즙=柿漆)를 끌어다 붙인 것이다. 작자의「華蓋集續編」에 실린「阿Q正傳的成因」에 그러한 설명이 보인다.

**59-9 頂子**: 淸代에 官吏의 등급을 구별하기 위해서 禮帽 위에다 달았던 타원형의 장식이다. 여기서도 관리의 位階를 나타내기 위해서 단 것이다.

**59-10 抵得一個翰林**: 翰林은 科擧의 殿試 합격자에게 주는 칭호 또는 자격이다.

**60-2 躄進去**: 원래 한 다리 저는 것을「跛」라 하고 두 다리를 다 못쓰는 것을「躄」라 하는데, 여기서는 발을 붙이고 몰래 슬금슬금 걷는 모양을 말한다.

**60-5 劉海仙**: 원래 五代時代 사람으로 終南山에서 修道하여 神仙이 되었다고 전한다. 民間에 流布되어 있는 그의 畵像을 보면 머리를 길게 늘어뜨리고 이마 위의 머리를 여자들의 단발형으로 잘랐는데, 이 때문에 이러한 모양의 머리를「劉海」라고도 했으며, 당시 이와 같은 머리 형이 官界에서 이용되었다고 한다.

**60-7 必恭必敬**:「孟子」滕文公章句 下에「往之女家, 必敬必戒, 無違夫子. (너의 집에 가면 반드시 소홀히 행동하지 말 것이며 반드시 주의하여 남편을 저버리는 일이 없도록 하라.)」라는 귀절이 있는데, 여기 보인「必敬必戒」와 같은 구조이다.

**60-9 洪哥**: 黎元洪은 혁명군에 의하여 湖北都督이 되고, 나중에 袁世凱 밑에서 副總統이 되었다가, 袁世凱 死後 大總統이 되었으나, 段祺瑞와 충돌하여 하야했다.

**60-10 上湖北**:「上」은 지방에서 도시 또는 서울로 간다는 뜻이고,「湖北」는 辛亥革命이 일어났던 武昌 방면이다.

**61-2 將手向頭上一遮**:「將」은「用」과 같은 뜻의 介詞이고,「一遮」의「一～」는 순간의 동작을 나타낸다.

**61-3 一筆勾銷**:「勾銷」는 제거한다는 뜻으로「勾消」「勾除」와 같다.

**61-4 傳揚開去**:「～開去」는 어떤 지점에서 퍼져가는 것을 나타내는 補語인데, 北方語에서는「～去」를 붙이지 않는 경우가 많다.

**61-8 爲報讎起見**:「爲～起見」은 목적을 나타낸다.

**62-1 但也沒有竟放**: 이 경우 語順을「但竟也沒有放」이라 하는 것이 보통이다. 같은 예로서 第一章에「誰料博雅如此公, 竟也茫然.」이라 한 말이 보이고, 또 第九章에도「竟沒有唱幾句戲.」란 귀절이 나온다.

**62-4 混到夜深**: 이 경우의「混」은「混混(정해진 직업이 없이 빈둥빈둥 생활하다)」「混過日子(아무런 하는 일 없이 살다)」의「混」과 같다.

**62-6 旣轉彎, 那人～**:「旣」는 여기서는 조건(～로 있는 이상)을 나타내는 것이 아니다.

**62-8 逃而又停的兩三回**:「～又停的」의「的」는 상태를 나타내는 조사이다.

**62-10 嚷嚷**: 이 말은 단독으로 쓰일 적에는 〔ㄖㄤ̌ rǎng〕이라 발음하지만, 여기서

처럼 겹쳐서 한 낱말로 말할 적에는 〔日尢 日尢̇ rāng ráng〕이라 발음한다.

63-1 寂靜到～:「到」는 정도를 나타내는 構造助詞「得」와 같이 쓰였다. 方言性도 있으나 文章語로는 흔히 쓰이는 용법이다. 조금 뒤에 나오는 「看到發煩」의 「到」도 같은 예이다.

63-2 羲皇:中國 上古의 전설에 보이는 三皇(伏羲·神農·燧人 혹은 祝融)·五帝(黃帝·顓頊·帝嚳·堯·舜)란 聖天子 중의 한 사람이다. 三皇·五帝의 이름은 시대에 따라 조금씩 다르다.

63-4 箱子擡出了:「箱子」가 어떻게 되었나 하면 「擡出了」(떠메어 내놓아졌다)라는 뜻으로, 「把」나 「將」이 생략된 형식이 아니다.

63-5 擡得他自己有些不信他的眼睛了:여기서처럼 補語가 主述構造로 돼 있을 때에는 程度의 結果가 극단적인 경우에 많다.

63-12 看你抓進縣裏去殺頭:「看你～」는 상대에게 주의를 환기시키거나 각오한 것을 촉구할 때 쓰인다. 「縣裏」는 縣廳을 가리킨다.

64-2 團丁:團丁 중에는 룸펜이나 無產者 출신이 많고 강도나 도둑을 잡는 것이 주임무였다. 兵이나 警察은 국토방위나 치안유지가 주임무이고 보통 이런 일과는 관계가 없다. 여기서 把總이 團丁·兵·警察·偵探(밀정)을 인솔해 온 것으로 되어 있는데, 이것은 把總의 지위로 보나 직무로 보나 좀 이상하다. 그러나 힘없고 무고한 阿Q를 큰 범인으로 보고 이토록 많은 사람이 체포하러 몰려온 것과 더불어 더욱 우스꽝스럽게 해준다.

64-4 二十千的賞:「二十」란 숫자를 쓴 것은 一千文을 「制錢」一串으로 헤아린 때문이다.

65-1 高明:ex. 他的手段很高明:그의 수단은 대단하다. 日本菜並不高明:일본 요리는 변변치 못하다.

65-3 追～欠下來的陳租:「欠下來的(전부터 빚으로 되어 있는, 지불하지 않은 채로 있는)」의 「～下來」는 어느 시점까지 상태가 계속해 왔음을 말한다. 이 귀절은 辛亥革命이 지주계급과 타협 결탁했음을 나타내 준다.

65-7 到得大堂:「得」는 「了」로 보아도 좋다. 舊白話에 많이 보이는 용법으로 移動性의 동사(到·進·走 등)에 붙여서 쓰고, 말을 마치는 데에는 붙이지 않는다.

65-8 長衫人物:「長衫」은 옷자락이 길어 상하가 나누어져 있지 않은 옷으로, 육체노동을 하지 않는 관리나 지주·지식인의 상징이다.

66-3 奴隷性:辛亥革命 직후에는 民主平等의 한 표현수단으로서 裁判에서 심문받을 때에 선 채로 대답해도 된다고 했다. 그러나 阿Q는 무릎을 꿇어버렸기 때문에 이와 같은 말로 꾸짖은 것이며, 앞에서 「站着說! 不要跪!」라고 한 것도 이 때문이다.

66-5 爲什麼不來的呢?:이것은 앞에서 阿Q가 「我本來要……來投……」라 하여 「投～」를 「投降～ (혁명당에 투항하다)」이라 이으려고 한 것을 老頭子는 「投首(자수하다)」라고 말하려는 줄 알았기 때문에 한 말이었다. 그래서 이 말을 「老頭子和氣的問(노인은 온화하게 물었다)」고 하겠다. 그리고 과거의 사실임에도 불구하고

「沒來」라 하지 않고 「不來」를 쓴 것은 阿Q가 오지 않은 意中을 묻기 때문이다.

**67-4** 一把抓住了筆 : 붓을 들어본 적이 없으므로 「拿(들다)」하지 않고 「抓(잡아쥐다)」하듯 든 것이다.

**67-6** 那手捏着筆却只是抖 : 「捏」는 손가락으로 가늘고 작은 물건을 들어 올린다는 말이다.

**67-8** 一抖一抖的幾乎要合縫 : 「要」는 가까운 미래 즉 어떤 상황이 곧 일어나려 함을 나타내고, 「合縫」은 동그라미의 끝이 맺어지는 것을 말한다.

**67-9** 向外聳 : 「阿Q」의 「Q」字는 결국 阿Q가 서명으로 한 동그라미의 한 쪽이 삐져나와 오이씨 모양이 된 것에서 따온 것이다.

**68-1** 惟有 : 「～有」는 實義를 갖고 있지 않은 경우가 많고 文章語인데, 다음에 「圈而不圓」이 문장어이기 때문에 「惟～」를 쓴 것이다.

**68-4** 孫子纔畫得很圓的圓圈呢 : 여기서 「孫子」에는 쓸모없는 녀석이라는 경멸의 의미가 포함되어 있다. 자기보다 2代나 아래이므로 「兒子」라 한 것보다 훨씬 심한 경멸의 뜻이 된다.

**68-6** 追贓 : 擧人老爺가 장물을 찾아야 한다고 주장한 데는 趙太爺 집에서 도둑맞은 물건 중에는 자기가 맡겨놓은 것이 많이 들어 있기 때문이기도 하다. 그러기에 뒤에 나오는 바와 같이 阿Q가 죽었을 때 그 영향을 가장 많이 받은 사람이 擧人老爺였으며 온 가족이 큰 소리로 울부짖었다고 한 것이다(p. 71 참조)

**68-7** 示衆 : 魯迅은 「示衆」에 대하여 특별한 印象을 가지고 있다. 그는 示衆되는 인간보다 示衆의 「衆」에 해당하는 군중에 대하여 분노를 느끼고 있었다. 「吶喊」自序에 의하면, 그가 日本의 仙臺醫學專門學校에 다닐 때 微生物學 映寫室에서 과외로 보여준 露日戰爭 뉴우스幻燈에 러시아軍 스파이 노릇을 했다고 하여 日本軍에게 묶여 처형당하는 한 中國人과 그 주위에서 멍청히 구경하는 中國人들을 보고, 愚弱한 국민은 체격이 아무리 건장하고 長生한다 하더라도 구경거리나 구경꾼밖에 될 수 없다면 질병으로 다소 죽는다 해도 불행할 것이 없다고 하고, 그래서 가장 시급한 문제는 그들의 정신을 개조해야 하며 그러기 위해서는 文藝가 가장 좋은 방법이라고 판단, 결국 이 「示衆」은 魯迅으로 하여금 文學의 길을 선택하게 했다고 했다.

**68-11** 你又來迂 : 「迂」는 실제적이 아니다, 迂遠하고 번거롭다. ex. 他的話太迂了 : 그의 이야기는 몹시 우원하고 번거롭다.

**69-1** 短衫人物 : 「短衫」은 육체노동자가 입는 옷, 따라서 여기서는 下級職의 사람을 나타낸다.

**69-2** 洋布 : 「土布」에 상대되는 말이다. (p.45 註⑤ 참조)

**69-6** 沒有篷的車 : 周遐壽의 「魯迅小說家的人物」에 의하면 이와 같은 수레는 北方의 것이라고 했다. 이미 말한 「饅頭」(p.38 註⑪) 「餅」(p.53 註⑦)과 같이 지방적인 구별을 하지 않고 썼음을 보여준다.

**70-9** 過了二十年又是一個…… : 원래는 「過了二十年又是一個好漢. (20년이 지나면 다시 훌륭한 남자로 태어나.)」이란 말로, 옛날 中國에서 죽은 후 다시 태어나 20년

이 지나면 젊은이가 된다는 미신을 빌어, 사형수들이 형이 집행되기 전에 죽음을 두려워하지 않는 意氣를 나타내기 위하여 으레 하던 말이다.

**71-2** 一柄斫柴刀 : 「刀」의 量詞는 보통 「把」를 쓰는데, 여기서는 「柄」을 썼다. 이는 文章語 또는 舊白話에 흔히 쓰이는 것으로, 魯迅의 문장에는 이러한 예가 특히 많다.

**71-3** 纔得仗這壯了膽, 支持到未莊 : 「纔得」의 「得」는 可能을 나타내는데, 현대어에서는 단독으로 動詞 앞에 쓰이는 예는 극히 드물고, 다만 「纔」와 같은 副詞와 함께 쓰이는 경우는 적지 않다. 「仗」은 의지하다. 이것을 믿고.

**71-4** 又凶又怯 : 다음에 나오는 「又鈍又鋒利(둔하긴 해도 또 날카롭다)」도 같은 예이다.

**71-5** 眼睛們 : 여기서 눈들만이 사람의 몸에서 떨어져 나와 움직이고 있는 것같이 묘사하려 했다. 阿Q의 「過了二十年……」이란 말을 듣고 구경꾼들이 이리처럼 소리를 질렀다. 이 소리에 阿Q의 느낌에는 4년 전에 마주친 적이 있는 이리의 눈을 생각케 했다. 자기를 쳐다보는 구경꾼의 눈에서 그 이리 이상의 무서운 눈을 보고, 그들의 눈이 갑자기 이어진 것처럼 해서 그의 넋에 달라붙어 물어뜯고 있다. 눈에 이와 같은 묘사방법을 이용한 것은 「狂人日記」의 手法과 흡사하다.

**71-9** 發生了遺老的氣味 : 「遺老」는 조정이 교체될 때에 멸망한 조정에의 節義를 지켜 끝까지 새 조정에 出仕하지 않은 사람을 말한다. 趙秀才는 읍내에 갔다가 변발을 잘리고 게다가 阿Q 체포시 把總이 건 二萬文의 현상금을 부담한 것 등으로 해서 趙家는 혁명당으로부터 소외되었음을 알 수 있고 이로 인해 遺老的인 기미가 생긴 것이다. 그러나 이 경우 漢族의 몸으로서 만주인의 淸朝에 충절을 지킨다는 것은 우스운 이야기이다. 이 점에 풍자의 뜻이 들어 있다 하겠다.

**72-1** 鎗斃並無殺頭這般好看 : 「這般」은 「這麼」의 舊白話的 用語이다. 이 문장은 곧 「鎗斃並沒有殺頭這麼好看.」이라고 고쳐쓸 수 있다.

**72-3** 游了那麼久的街 : 「游街」의 「街」에 「那麼久的」란 수식어가 붙은 모양인데, 동사「游」에 대해서 「街」는 賓語이고 「那麼久」는 時段을 나타내는 補語이다.

**72-4** 白 : ex. 我白等了她 : 나는 그녀를 공연히 기다렸다. 이는 곧 그녀에게 바람맞았다는 뜻이 된다.

# 解　　說

## 1

「阿Q正傳」은 中國이 낳은 세계적 작가 魯迅(1881—1936)의 대표작이다. 1921년 12월부터 이듬해 2월까지 「晨報」副刊에 연재 발표되었다가 후에 작품집 「吶喊」(1923)에 수록되었다.

魯迅의 창작소설집인 「吶喊」과 「彷徨」(1926) 및 역사소설집 「故事新編」(1936)에 실려 있는 32편의 소설 가운데 가장 긴 유일한 中篇小說 「阿Q正傳」은 각국어로 번역되어 세계적으로 알려짐과 동시에 魯迅의 이름을 불후의 것으로 만든 작품이다.

작자 魯迅의 본명은 周樹人, 호는 豫才, 백개 가량이나 된다는 그의 많은 筆名 가운데 가장 널리 알려진 이름이 바로 魯迅이며, 이는 그의 어머니 姓(魯)을 따른 것이라고 한다. 그가 소설을 발표할 때면 언제나 魯迅이란 이름을 사용했는데, 「阿Q正傳」을 처음 연재 발표할 때는 巴人이란 필명을 썼다. 「대단찮은 사람」이란 의미를 지닌 이 필명의 사용은 다분히 의도적인 것이 아니었나 여겨진다.

## 2

「阿Q正傳」은 辛亥革命을 배경으로 하여 농촌의 한 비생산적인 날품팔이 阿Q의 일생을 그림으로써 中國의 民族的 弱點을 묘사하고 革命의 불철저성을 들추어냈다. 여기 그려진 阿Q란 인간의 결점은 비단 한 농민의 이야기에 그치는 것이 아니다. 阿Q는 퇴영된 사회가 만들어낸 한 퇴폐한 인간의 심볼이다. 곧 이 소설에서의 농촌사회는 바로 中國 社會이며, 阿Q란 人間 타입의 思考와 行動樣式은 바로 4천년의 中國 傳統이 만들어낸 中國 社會 각 계층 인간의 슬퍼해야 할 성격인 것이다.

무기력·무능력하면서도 실속없이 뽐내는 自尊心, 그리고 약자에게는 무자비하면서도 강자에게는 비굴하게 구는 事大的 奴隷根性이 바로 阿Q의 전형적인 성격이다. 그 한 예로서 阿Q의 이른바 精神勝利法을 들어보자.

「네놈은 그럴 자격도 없어……」

이때도 자기 머리의 부스럼이 마치 고상하고 영광스러운 험자국처럼, 결코 보통의 험자국과는 다르다는 느낌이 든 것 같았다. 그러나 앞에서 이미 말했듯이 阿Q는 견식이 있는 사람인지라 이것이 그의 「범기(犯忌)」에 저촉된다는 것을 곧 알고는 더 이상 말을 잇지 않았다.

건달들은 그래도 그치지 않고 계속 그를 약올리고 끝내는 때려주고야 말았다. 阿Q는 형식상으로는 싸움에 졌고, 그들에게 노란 머리채를 끄들리어 담벽에 너댓번이나 소리나게 부딕뜨렸다. 건달들은 그제서야 흡족해서 의기양양하여 가버리고, 阿Q는 한참 서서 속으로 생각했다.

「내가 결국 아들놈한테 얻어맞은 셈이군, 요즘 세상은 정말 꼴이 아냐……」

그리고는 그 역시 흡족해서 의기양양하여 가버렸다. (원문 pp. 13~14)

이는 말로만 떠들고 수선만 피울 뿐 信念도 實行力도 갖지 못한 지식인 士大夫들의 행동을 戲畵化한 것이며, 나아가서는 阿片戰爭 이후 列强들에게 영토를 점차 잠식당하고 半植民地的 상태에 놓여 만신창이가 돼 있으면서도 여전히 自大하는 中國 민족의 소위 정신적 승리를 풍자한 것이라 하겠다.

### 3

그리고 辛亥革命의 성공을 전국민적인 혁명으로 철저하게 이끌어가지 못한 悲哀의 근원을 魯迅은 中國의 민족성 속에 도사리고 있는 阿Q적 근성 때문이라고 본 것이다. 부질없이 남의 꽁무니만 따라다니며 법석을 떨고 아무 일에나 끼어들어 날뛰고 잘난 체하며 이리 밀리고 저리 밀리다가 마침내는 혁명의 소용돌이에 휘말려 처형되고 만 阿Q의 공허한 최후가, 바로 혁명을 떠들면서도 정작 혁명의 참다운 주인공이 되지 못한 당시 中國 지식인들의 현상을 힐난한 것이다.

이 때문에 이 소설이 발표되던 당시 많은 독자들이 혹시 阿Q가 자기를 모델삼아 쓰여진 것이 아닌가 하는 느낌에 사로잡혀 몸서리를 쳤다고 한다.

## 4

또한 「집안 흉은 밖에다 들춰내는 법이 아니라」는 사고방식은, 中國 民族性의 약점을 폭로하고 神聖視해야 될 혁명을 비방했다는 점에서 魯迅은 비난을 면치 못했으며, 후에 프롤레타리아文學이 창궐할 무렵에는 생산적인 농민을 내세우지 않고 비생산적인 농민을 주인공으로 그렸다는 점에서 비난받기도 했다.

하여튼 魯迅은 그의 다른 작품에서 보아도 中國의 전통문화가 完美無缺한 것이라고는 보지 않는 입장이었다. 中國 최초의 現代小說이라 할 「狂人日記」(1918)에서도 입으로만 仁義를 말하는 中國의 儒敎的 전통사회를 食人의 사회로 규정, 中國 전통의 道德敎化·嘉言懿行은 일종의 假道學에 지나지 않으며 이것이야말로 中國 社會를 암혹으로 뒤덮은 버려야 할 유산이라고 본 것이다. 魯迅이 소설을 쓰게 된 동기를 말하는 자리에서 자신이 「내 作品 題材는 病態社會의 불행한 사람들 가운데서 많이 택했다. 그것은 病苦를 척결해서 치료에의 주의를 촉구할 생각에서였다」(「我怎樣寫起小說來」에서)고 한 말로도 알 수 있다.

## 5

魯迅은 원래 日本에 유학하여 仙臺醫學專門學校에 입학(1904), 醫學 공부를 했었다. 어린 시절 아버지의 持病 때문에 빠저린 경험을 겪었던 그는 中國 開化의 희망을 醫學에 두고, 또 歷史書를 통해 日本의 維新이 대부분 西洋 醫學에서 발단되었음을 알고 국민의 維新에의 신앙을 촉진코자 했다.

그러나 얼마 지나지 않아 그는 중도퇴학하고 말았다(1906). 微生物學 映寫室에서 과외로 보여준 露日전쟁 뉴우스幻燈이 轉機가 되었다. 즉 러시아軍의 스파이 노릇을 했다고 해서 日本軍에게 묶여 처형당하는 한 中國人과 그 주위에 우두커니 둘러서서 구경하는 수많은 中國人들, 하나같이 몸은 건장하면서도 멍청한 표정의 얼굴들, 그리고 박수갈채를 보내는 日本人 학생들의 환성, 魯迅은 그때의 결심을 다음과 같이 술회했다.

……그런 일이 있은 이래 나는 의학이 절대로 중요한 것은 아니라는 생각을 하게

되었다. 우약한 국민은 체격이 아무리 건장하고 아무리 장생한다 해도 단지 무의미한 구경거리나 구경꾼밖에 될 수 없다면 질병으로 다소 죽는다 해도 별로 불행할 것이 없다고 생각됐다. 그래서 우리가 해야 할 제일의 급선무는 그들의 정신을 개조하는 데 있었다. 그리고 정신을 개조하는 데는 당시의 내 생각으로는 문예가 가장 좋은 방법으로 여겨져서 문예운동을 제창하기로 마음먹었다. (「吶喊」 自序에서)

이처럼 魯迅의 文學은 民族精神의 改造를 목표로 시작되었으며, 이러한 정신은 그의 모든 作品 저변에 면면히 흐르고 있다. 시종 해학과 풍자에 넘치는 필치로 수천년래의 封建禮教에 얽매여 시달리는 우매한 民衆과 俗惡한 文化人을 痛罵・同情하는 한편, 그로부터의 보다 빠른 脫皮를 부르짖었다.

「阿Q正傳」은 魯迅의 民族精神 改造에의 追求가 가장 크게 開花한 작품이라 할 수 있다.

# 魯迅年譜

**1881年** (光緒 7) 〔1歲〕

9월 25일(음력 8월 3일) 浙江省 紹興城內에서 출생. 大家族의 讀書人 家庭에서 아버지 周鳳儀와 어머니 魯씨 사이의 長男으로 태어남. 당시 집에는 40~50畝의 전답이 있어 생활에는 곤란이 없었다고 함. 幼名은 豫山, 후에 樟壽라 고치고, 字를 豫才라 함. 1898년 南京水師學堂에 들어갈 때 이름을 樹人이라 붙임. 어머니 魯씨는 시골 사람이었지만 獨學으로 책을 읽어 학력을 갖춘 분이었음.

**1885年** (光緒 11) 〔5歲〕

1월(음력으로는 前年)에 둘째동생 周作人 출생. 周作人은 隨筆家이며, 그리스神話의 연구 및 日本古典文學의 소개 등으로 유명. 中日戰爭 때 日本에 협력, 戰後에 投獄된 적이 있으나 현재는 北京에 있음.

**1887年** (光緒 13) 〔7歲〕

家塾에 들어가 叔祖 玉田老人에게 「鑑略」을 배움.

**1888年** (光緒 14) 〔8歲〕

여동생 瑞가 태어나 10월에 夭死.

**1889年** (光緒 15) 〔9歲〕

세째동생 周建人 출생. 周建人은 후에 生物學者가 되어 科學思想의 계몽에 힘씀. 오랫동안 魯迅과 起居를 함께 했고, 현재는 北京에 있음.

**1892年** (光緒 18) 〔12歲〕

2월에 三味書屋 書塾에 들어가 壽鏡吾선생에게 배움. 이 무렵 「孟子」를 읽고, 그림을 좋아하여 그리기도 하고 「二十四孝圖」 등 그림을 수집하기도 함.

**1893年** (光緒 19) 〔13歲〕

2월에 증조모가 돌아가시어, 淸朝 官吏로 北京에 있던 조부 介孚公이 3월에 귀향했는데 가을에 수회 혐의로 투옥됨(~1901). 아버지 伯宜公마저 중병에 걸려 집안이 갑자기 몰락하고, 이 때문에 이후 수년 동안 魯迅은 전당포와 약국을 오가곤 했음. 겨울에 城 밖의 외가 친척 집에 맡겨져, 거지라는 말까지 들은 적이 있음. 이 때부터 소설을 좋아했음. 네째동생 椿壽 출생.

**1894年** (光緒 20) 〔14歲〕

봄에 집에 돌아와 다시 三味書屋에 나감. 친하게 지내던 고모가 시집가서 難產으로 죽자, 神을 힐책하는 文章을 씀.

清日戰爭(～1895)이 일어나, 이 전쟁의 패배로 西太后가 다스리던 清朝의 허약함이 드러남.

**1895年** (光緒 21)〔15歲〕

孫文이 이끄는 興中會 廣東에서 최초의 擧兵에 실패.

**1896年** (光緒 22)〔16歲〕

10월에 아버지가 37세의 나이로 사망. 이때까지 전답을 거의 다 팔아버려 집은 더욱 곤궁해짐. 아버지는 여러 차례 鄕試를 쳤으나 합격하지 못하고, 죽을 때까지 집에 있으면서도 아이들에게는 지나치게 소홀했음.

「時務報」(～1898)와 「蘇報」(～1903) 창간. 최초의 日本 留學生 파견.

**1898年** (光緒 24)〔18歲〕

5월에 어머니가 마련해 준 여비를 갖고 南京으로 나가 수업료가 필요없는 江南水師學堂(해군 학교) 機關科에 입학, 11월에 퇴학. 12월에 고향에서 縣試를 침. 椿壽 급성폐염으로 사망.

6월에 康有爲 등 維新派에 의한 光緒帝의 施政改革(戊戌變法)이 단행되었으나, 9월에 西太后와 당시 최강의 군벌 袁世凱의 쿠데타(戊戌政變)로 붕괴되고, 康有爲·梁啓超 日本으로 망명. 이 무렵 嚴復이 번역한 헉슬리의 「天演論(Ethics and Evolution)」이 출판되어 서구의 근대사상이 소개되고, 梁啓超가 日本에서 「清議報」(～1901) 창간.

**1899年** (光緒 25)〔19歲〕

1월에 江南陸師學堂 부설 路礦學堂(광산·철도학교)에 입학, 採礦을 공부함. 학과공부를 열심히 하지 않았으나 성적은 늘 우수했음. 여가에 梁啓超가 주간한 혁신적인 잡지·신문과 「天演論」 등 번역된 新思潮書 및 小說을 탐독. 가끔 乘馬도 했음.

林紓가 번역한 듀마 피스의 「巴黎茶花女遺事」(La dame aux camélias) 출판됨.

**1900年** (光緒 26)〔20歲〕

義和團事件이 일어나 北京에서 外國軍과 충돌, 8개국 연합군이 北京을 점령하고 講和가 성립됨.

**1901年** (光緒 27)〔21歲〕

9월에 周作人 江南水師學堂에 입학.

李寶嘉의 「官場現形記」(～1905) 연재. 嚴復 애덤 스미스의 「原富 (The Wealth of Nations)」 번역 출판. 「新民叢報」(～1904) 창간.

**1902年** (光緒 28)〔22歲〕

1월에 路礦學堂 졸업. 3월에 江南督練公所에서 파견되어 日本에 유학, 4월에 東京 弘文學院(그 해에 신설된 中國人 留學生 豫備學校) 普通速成課에 입학. 이때부

터 國民性과 人間性의 문제에 관심을 갖고, 새로운 醫學이 日本의 維新에 매우 큰 추진력이 되었다고 생각, 이것이 한 원인이 되어 醫學을 공부할 결의를 함.

吳沃堯의 「二十年目睹之怪現狀」(～1909) 연재. 嚴復 몽떼스뀨의 「法意(De l'Esprit des Lois)」 번역 출판. 梁啓超가 東京에서 최초의 文藝雜誌「新小說」(～1904) 창간,「論小說與群治之關係」를 발표하고, 中國에 政治小說을 유행시킴.

**1903年** (光緒 29)〔23歲〕

줄 베르느의 과학소설「月界旅行」과「地底旅行」을 日語本에서 重譯 출판. 이 해에 창간된 同鄕留學生 雜誌「浙江潮」에 평론「斯巴達之魂(스파르타의 魂)」「中國地質略論」「論鐳錠(라디움論)」 등을 寄稿. 이 무렵 辮髮을 자름.

劉鶚의「老殘遊記」(～1906)와 李寶嘉의 「文明小史」(～1905) 연재.「繡像小說」(～1906) 창간. 陳獨秀·蘇曼殊 共譯 빅똘 위고의「慘世界 (Les Misérables)」출판.

**1904年** (光緒 30)〔24歲〕

4월에 弘文學院 졸업, 9월에 東京을 떠나 仙臺醫學專門學校(東北大學 醫學部의 前身)에 입학, 여기서 藤野先生을 알게 됨. 이 해에 露日戰爭(～1905)이 일어났는데, 이때 微生物學 映寫室에서 과외로 보여준 時事幻燈에서 한 中國人이 러시아軍 스파이 노릇을 했다 하여 日軍에게 참수당하는 것을 보고 中國에 필요한 급선무는 무엇보다도 국민의 정신을 개조하는 것이며 이를 위해서 新文藝를 제창해야 한다고 생각함. 7월에 조부 사망.

「東方雜誌」(～1949, 臺灣에서 復刊) 창간.

**1905年** (光緒 31)〔25歲〕

科擧制 폐지. 興中會·華興會·光復會 三者가 孫文을 중심으로 中國革命同盟會 결성. 曾樸의「孽海花」(～1907) 연재.「民報」(～1910) 창간.

**1906年** (光緒 32)〔26歲〕

3월에 仙臺醫學專門學校를 중퇴하고 東京으로 돌아와 文藝硏究에 종사. 5월에 「中國鑛產志」「中國鑛產全圖」 출판. 7월에 잠시 귀국하여 어머니의 뜻에 따라 朱安과 구식결혼식을 올렸으나 이내 동생 周作人을 데리고 東京으로 되돌아옴.

이 무렵 日本 留學生은 1만명에 달함.「月月小說」(～1908) 창간.

**1907年** (光緒 33)〔27歲〕

周作人 및 許壽裳(동향 친구. 魯迅과 함께 오랫동안 敎職에 있었음)과 문예지 「新生」의 발간을 계획했으나 流產. 유학생 잡지「河南」에「文學偏至論」「摩羅詩力說(악마파 시인론)」 등을 寄稿. 이 무렵 그는 바이런과 러시아·폴란드 및 발칸諸國 등 東歐 弱小民族의 愛國詩人들에 傾倒. 자신의 말에 의하면 당시 가장 애독하던 作家는 러시아의 고골리와 폴란드의 센키비치, 그리고 日本에서는 漱石과 鷗外였다고 함.

孫文 각지에서 擧兵 실패.「小說林」(～1908) 창간.

**1908年** (光緖 34) 〔28歲〕

周作人・許壽裳・朱希祖・錢玄同 등과 함께 마리아 콘티夫人에게 러시아語를 배우는 한편, 民報社에 나가 章炳麟(中國革命同盟會 지도자의 한 사람으로, 당시 日本에서 발행했던 이 同盟會 기관지 「民報」를 主編)에게 「說文解字注」 「爾雅義疏」 등 文字學 강의를 받음. 또한 獨逸語協會의 獨逸語學校에도 許壽裳과 함께 다님.

**1909年** (宣統 1) 〔29歲〕

3월에 周作人과 共譯한 「域外小說集」(英・美・佛 및 東歐 被壓迫民族의 短篇小說譯集) 第1册을, 7월에 그 第2册을 출판. 中國革命同盟會 母胎의 하나인 光復會에 가입. 8월에 어머니의 요청으로 귀국. 杭州의 浙江兩級師範學堂 교원이 되어 生理學 및 化學을 가르치고, 日本語 通譯을 겸함.

**1910年** (宣統 2) 〔30歲〕

여름 新任 監學(후의 教務長 즉 교감)에 불만, 師範學堂을 그만두고 귀향. 9월에 紹興中學堂 교원 겸 監學이 되어 植物學을 연구하는 한편, 古小說 등을 鈔錄.

王國維 「人間詞話」 출판. 「小說月報」(～1932) 창간.

**1911年** (宣統 3) 〔31歲〕

여름에 紹興中學堂을 사직. 10월에 辛亥革命으로 清朝가 붕괴되고, 11월에 紹興이 광복된 후 紹興師範學堂 교장이 됨. 12월에 소설 「懷舊」를 습작.

**1912年** (民國 1) 〔32歲〕

1월에 革命政府 南京에 수립, 教育總長이 된 蔡元培의 초청으로 南京에 나가 教育部 部員이 되고, 5월에 政府의 移轉에 따라 北京에 移住. 처음에는 社會教育司 第一科 科長(도서관・박물관・미술관 등을 主管)이 되고, 8월에 教育部 僉事를 겸함. 이 해 5월부터 日記를 쓰기 시작하여 죽기 이틀 전까지 거의 빠짐없이 썼음. 여가에 「謝承後漢書」를 편찬하고, 唐宋傳奇의 鈔錄을 시작.

宣統帝 退位, 中華民國 成立. 袁世凱가 臨時大總統에 취임하고, 孫文은 國民黨을 조직.

**1913年** (民國 2) 〔33歲〕

10월에 여가에 「稽康集」을 校勘.

反袁世凱軍 蜂起(第2革命) 실패. 孫文과 黃興 日本으로 망명.

**1914年** (民國 3) 〔34歲〕

이 해부터 여가에 佛典을 연구.

第1次世界大戰 개시. 日本軍 山東에 出兵.

**1915年** (民國 4) 〔35歲〕

文官에게 매우 심하게 굴었던 袁世凱의 감시를 피할 목적으로 佛典・金石 拓本・造象 및 墓誌 拓本 등의 수집 연구에 沈潛. 1월에 「百喩經」 翻刻 완성. 2월에 「會稽

郡故書雜集」을 編成, 周作人의 명의로 출판.

이해 日本은 對華21個條를 요구, 민중의 排日運動을 유발. 袁世凱 帝制를 음모, 帝制案 통과. 「新青年」(~1926) 창간.

**1916年** (民國 5) 〔36歲〕

袁世凱 사망으로 帝制案 실현을 보지 못함.

**1917年** (民國 6) 〔37歲〕

4월에 周作人을 北京으로 불러옴.

7월부터 張勳의 復辟(帝制復活) 運動 개시, 실패. 孫文 廣東에 軍政府 조직, 南北對立이 격화하고 각지에서 軍閥간에 爭鬪. 러시아革命 발발. 文化界에서는 「新青年」에 胡適의 「文學改良芻議」와 陳獨秀의 「文學革命論」이 발표되고, 이밖에 儒敎道德·家族制度 등을 공격하는 論文을 실어 이를 중심으로 文學革命運動이 시작됨.

**1918年** (民國 7) 〔38歲〕

4월에 친구 錢玄同의 부탁을 받고 소설 「狂人日記」를 집필, 5월에 처음으로 魯迅이란 필명을 사용하여 「新青年」에 발표, 이후 문필생활을 계속해 文學革命의 가능성을 立證. 당시로서는 표현의 심각함과 형식의 특이성으로 해서 젊은 독자들의 마음에 격동을 일으켰음. 周作人 평론 「人的文學」 발표.

「晨報」 副刊(~1938) 창간. 注音字母 公布.

**1919年** (民國 8) 〔39歲〕

「新青年」에 4월에 「孔乙己」를, 5월에 「藥」을 발표하고, 武者小路實篤의 희곡 「一個青年的夢」을 번역 연재. 훗날 雜文이라 불리운 時評的 短評도 이 무렵부터 쓰기 시작. 8월에 八道灣에 집을 사서 周作人과 함께 移住하고, 12월에 歸省하여 어머니를 北京으로 모셔옴.

파리講和會議에 불만을 품고 北京의 학생을 중심으로 한 五四運動이 일어나 전국에 파급. 「新潮」(~1922) 「學燈」 창간.

**1920年** (民國 9) 〔40歲〕

연말부터 北京大學 및 北京高等師範學校 강사를 겸임, 中國小說史를 강의. 이해에 「明天」 「一件小事」 「頭髮的故事」 「風波」 등 발표. 그리고 연말에 인생을 위한 예술을 슬로건으로 한 사실주의 문학단체 文學硏究會가 결성되고, 후에 魯迅은 이를 적극적으로 지원.

**1921年** (民國 10) 〔41歲〕

1월에 「故鄕」을 집필하고, 12월부터 「阿Q正傳」을 巴人이란 필명으로 신문 「晨報」 副刊에 연재(~1922년 2월) 시작. 「阿Q正傳」이 연재되고 있을 때 많은 사람들이 혹시 자기를 모델로 한 것이 아닌가 여기고, 또 다음 차례에는 자기 머리에 罵倒의 필봉이 내려지지 않을까 하여 전전긍긍했다고 함. 한편 被壓迫民族의 文學을 이 해에 文學硏究會 기관지가 된「小說月報」에 차례차례 번역 소개.

中國共產黨 성립. 孫文 廣東에 中華民國 정부를 수립. 예술을 위한 예술을 슬로건으로 한 낭만주의 문학단체 創造社 결성(～1929).「文學週報」창간.

**1922年** (民國 11)〔42歲〕

日本에서 추방당하여 來華한 러시아 童話作家 에로셍코를 초청, 함께 생활.「端午節」「白光」「兎和貓」「鴨的喜劇」「社戲」「補天」집필. 에로셍코의 童話를 번역 출판.

「創造季刊」「努力週報」(～1923) 창간.

**1923年** (民國 12)〔43歲〕

최초의 소설집「吶喊」및「現代日本小說集」(周作人과 共譯)과「中國小說史略」上卷 출판. 여름에 동생 周作人과의 不和로 집을 나와 別居. 이 해 가을부터 北京大學・北京師範大學・北京女子高等師範學校・世界語(에스페란토)專門學校 강사 겸임.

「創造週報」(～1924)「創造日」「嚮導」창간.

**1924年** (民國 13)〔44歲〕

6월에「中國小說史略」下卷 출판 완성.「祝福」「在酒樓上」「幸福的家庭」「肥皂」등 집필. 厨川白村의「苦悶的象徵」번역. 11월에 週刊文藝誌「語絲」(～1931)를 창간, 그 同人이 되어「野草」중의 여러 散文詩를 연재.

제1차 國共合作 성립.「現代評論」창간.

**1925年** (民國 14)〔45歲〕

3월부터 許廣平과 文通을 시작(훗날의「兩地書」). 4월부터「莽原」을 편집 발간하며, 이 무렵 現代評論派 및 復古派와 격렬한 논쟁 전개. 8월에 그가 교원으로 있었던 北京女子師範大學(許廣平 在學中)이 教育總長 章士釗에 의해 불법 해산되자 그 반대운동에 가담, 다수의 교직원・학생들과 校務維持會를 조직. 이 때문에 教育部 僉事職에서 쫓겨나고, 사람들의 권에 따라 平政院에 提訴하여 勝訴, 10월에「孤獨者」를 썼음. 이밖에도 제2소설집「彷徨」에 실린 나머지 작품들을 집필. 11월에 雜感(評論) 第1集「熱風」출판. 연말에 李霽野・臺靜農・韋素園 등 청년문학자들과 함께 未名社를 결성, 그들의 創作과 外國文學 飜譯作品을「未名叢書」와「烏合叢書」로 간행. 한편「野草」의 여러 작품을「語絲」에 계속 발표.

孫文(1866～) 사망. 五・三〇事件 발생.「洪水」창간.

**1926年** (民國 15)〔46歲〕

1월에 教育部 僉事에 복직되고, 北京女子師範大學 회복. 3월에 北京政府의 對外屈服에 항의하는 市民集會가 軍警과 충돌해 많은 死傷者를 낸 三・一八事件이 발생, 張作霖의 군대가 北京에 入城하여 大學教授들에 대한 체포령을 내려 德國醫院・法國醫院 등으로 피신했다가 5월에 겨우 귀가. 6월에 第2雜感集「華蓋集」출판. 8월에 「小說舊聞鈔」 출판. 8월 말 北京을 탈출, 아모이(厦門)에 가서 9월부터 12월까지 厦門大學 文科 國學系 교수가 됨. 9월에 제2소설집 「彷徨」 출판. 10월에 역사소설 「眉間尺」(후에 「鑄劍」이라 改題)을 집필하고, 자서전 「朝花夕拾」을 「舊事重提」란 제목으로 「莽原」에 연재 시작.

北伐 개시, 國共對立 激化. 「創造月刊」(～1928) 창간.

**1927年** (民國 16) 〔47歲〕

1월에 廣州로 옮겨 2월에 中山大學 文學系 主任이 됨. 第3·4雜感·評論集 「墳」 「華蓋集續編」, 散文詩集 「野草」, 「唐宋傳奇集」 上册 출판. 6월에 학생체포사건에 불만을 품고 中山大學을 사임, 10월에 上海로 옮겨 北京女子師範大學 강사시절의 제자 許廣平과 同棲, 이후 上海에 정착하여 文筆生活에 전념.

1월에 武漢政府 성립, 4월에 蔣介石의 四·一二 反共쿠데타로 武漢政府 붕괴, 南京 國民政府 성립. 太陽社 결성.

**1928年** (民國 17) 〔48歲〕

프롤레타리아文學을 제창한 創造社·太陽社로부터의 공격에 대응하여 격렬한 논전을 벌이는 한편, 자신이 마르크스主義 문헌을 연구·번역. 6월에 郁達夫·白薇·林語堂 및 未名社 同人들과 「奔流」를 창간, 이듬해까지 편집 담당. 回想記 「朝花夕拾」, 第5雜感集 「而已集」, 「唐宋傳奇集」 下册 출판.

北伐軍 北京 入城. 張作霖 爆死. 「太陽月刊」 「文化批判」 창간.

**1929年** (民國 18) 〔49歲〕

1월에 柔石·王方仁·崔眞吾 등과 朝花社를 만들어 文藝書와 木版畵의 複刻 「藝苑朝花」를 냄으로써 近代繪畵의 소개에 노력. 계속 프롤레타리아文學派와 논전을 벌이는 한편, 藝術至上主義의 新月派와도 논전을 폄. 외국의 단편소설과 평론의 소개 계속. 9월에 첫아들 海嬰 출생. 「新月」 「大衆文藝」 창간. 創造社 폐쇄.

**1930年** (民國 19) 〔50歲〕

프레하노프의 「藝術論」 번역 출판. 파제프의 「壞滅」과 야고브레에프의 「十月」 번역. 10월 4～5일 內山完造와 版畵展을 여는 등 版畵運動을 시작.

中國自由大同盟·中國左翼作家聯盟 결성.

**1931年** (民國 20) 〔51歲〕

民族主義文學派의 御用文學을 비판. 馮雪峰과 잡지 「十字街頭」 편집.

滿洲事變 발생.

**1932年** (民國 21) 〔52歲〕

1월에 上海事變으로 피난. 어머니의 병 때문에 北京에 여행. 「連環畵辯護」를 써서 文藝大衆化論爭에 가담. 9～10월에 第6·7雜感集 「三閑集」 「二心集」 출판.

滿洲國 건국선언. 「論語」 (～1936) 창간.

**1933年** (民國 22) 〔53歲〕

1월에 蔡元培의 권유로 民權保障同盟에 참가. 「申報」 自由談欄에 匿名으로 社會短評을 계속 집필. 2월에 來華한 버어나드 쇼오와 회담, 日文으로 「SHAWとSHAWを見に來た人々を見る記」를 「改造」에 寄稿. 獨逸領使館을 방문, 파시스트의 폭행에 抗議文 제출. 「小品文的危機」를 써서 林語堂의 유모어小品文運動에 반대. 「魯迅自選集」, 아내 許廣平과의 왕복서간집 「兩地書」, 第8雜感集 「僞自由書」 출판. 瞿秋白 편 「魯迅雜感選集」을 교정 출판. 木版畵展 개최.

日本軍 華北으로 진출. 「文學」(～1937) 창간.

**1934年** (民國 23) 〔54歲〕

해외문학 소개지 「譯文」(～1936)을 창간, 그 편집 담당. 고골리의 「鼻」 번역. 청년미술가의 創作木版畵集 「木刻紀程」을 출판, 그 광고를 씀. 연말에 감기로 臥病. 전통적인 木版技術 보존을 위해 鄭振鐸과 「北平箋譜」 출판. 역사소설 「非攻」 발표. 第9雜感集 「南腔北調集」 출판. 第10雜感集 「准風月談」을 12월에 비밀출판, 이듬해 2월에 再刊. 「文學季刊」(～1935) 「太白」(～1935) 「人間世」(～1935) 창간.

**1935年** (民國 24) 〔55歲〕

체홉의 「惡童」, 고리키의 「俄羅斯童話」, 판티레이예프의 「錶」, 고골리의 「死靈魂」 第1部 등 번역. 瞿秋白의 遺著 「海上述林」을 편집 출판. 「理水」 등 역사소설집 「故事新編」 중에 나오는 諸作品 완성. 雜文과 詩를 모은 「集外集」과 文字改革論集 「門外文談」 출판.

**1936年** (民國 25) 〔56歲〕

1월에 短評集 「花邊文學」과 역사소설집 「故事新編」 출판. 1월에 어깨와 가슴에 激痛이 일고, 3월에 持病인 결핵에서 갑자기 喘息을 일으키고, 5월에 병 재발, 6월에 가까스로 회복. 8월에 늑막의 물을 빼다가 각혈. 9월에 「死」 「女吊」 집필. 10월 18일 未明에 병세 악화, 19일 오전 5시 25분 永眠. 10월 22일 宋慶齡·茅盾 등의 葬儀委員會에 의해 萬國公墓에, 上海 市民들이 바치는 흰 바탕에 「民族魂」이라 쓴 旗를 棺에 얹어 埋葬.

12월에 西安事件 발생. 中國文藝家協會와 國防文學 논쟁 일어남. 「海燕」(후에 「夜鶯」) 「作家」 「光明半月刊」 「文季月刊」 「中流半月刊」 창간.

**1937年** (民國 26) 〔死後 1年〕

遺著 「夜記」 「魯迅書簡」과 「且介亭雜文」 「且介亭雜文二集」 「且介亭雜文末編」 (許廣平편) 출판. 蘆溝橋事件으로 抗日戰爭(～1945) 발발.

**1938年** (民國 27) 〔死後 2年〕

魯迅先生紀念委員會에서 許廣平 主編 「魯迅全集」 20卷 출판. 延安에 魯迅藝術學院 창립. 漢口에서 中華全國文藝界抗敵協會 결성으로 文壇이 통일 단결됨.

**하정옥**

서울대학교 문리대 중문과 졸업
서울대학교 대학원 중문과 (석사)
臺灣 國立政大 中文研究所 博士班 修業

역서
『平妖傳』(羅貫中)
『勝利前後』
『現代中國詩選』 外


# 아Q정전 阿Q正傳


1판 1쇄 발행 • 1976년 5월 20일
1판 10쇄 발행 • 2019년 9월 30일

편주자 · 하 정 옥
발행인 · 정 현 걸
발 행 · 신 아 사
인 쇄 · 대명프린팅
주 소 · 서울특별시 은평구 통일로 59길 4 (2F)
전 화 · (02) 382-6411 팩스 · (02) 382-6401
홈페이지 · www.shinasa.co.kr
E-mail · shinasa@daum.net

ISBN: 978-89-8396-131-0 (93820)





정가 8,000원